古典文獻研究輯刊

三九編

潘美月・杜潔祥 主編

第51冊

蔡守集
（第七冊）

伍慶祿、蔡慶高 著

國家圖書館出版品預行編目資料

蔡守集（第七冊）／伍慶祿、蔡慶高 著 -- 初版 -- 新北市：
花木蘭文化事業有限公司，2024〔民113〕
目 2+170 面；19×26 公分
（古典文獻研究輯刊 三九編；第51冊）
ISBN 978-626-344-971-8（精裝）
1.CST：蔡守 2.CST：學術思想 3.CST：研究考訂
011.08   113009890

ISBN-978-626-344-971-8

古典文獻研究輯刊
三九編　第五一冊　　　　　　　ISBN：978-626-344-971-8

蔡守集
（第七冊）

作　　者　伍慶祿、蔡慶高
主　　編　潘美月、杜潔祥
總 編 輯　杜潔祥
副總編輯　楊嘉樂
編輯主任　許郁翎
編　　輯　潘玟靜、蔡正宣　美術編輯　陳逸婷
出　　版　花木蘭文化事業有限公司
發 行 人　高小娟
聯絡地址　235 新北市中和區中安街七二號十三樓
　　　　　電話：02-2923-1455／傳真：02-2923-1400
網　　址　http://www.huamulan.tw 信箱 service@huamulans.com
印　　刷　普羅文化出版廣告事業
初　　版　2024 年 9 月
定　　價　三九編 65 冊（精裝）新台幣 175,000 元

蔡守集
（第七冊）

伍慶祿、蔡慶高 著

目次

詩　箋

致黃仲琴

　　題陳乃乾、陶毓英賢儷《共讀樓圖》連句：「讀書有福雙芙共寒，趙陸爭如趙李賢。想像賭茶同韻事月，曾聞貪鈔損宵眠宋沈與求句『比門貪鈔北堂書』。繆司合配長恩祀寒，卷帙能因伉儷傳。癡絕牟軒寧餓死月，斷炊不使鬻書錢寒。」仲琴先生和教，寒瓊寫似。鈐「蔡守寒瓊」朱白方印。

上海金山區圖書館藏蔡守詩箋卅二件

贈姚石子

清明後一日，訒生將赴日本永谷，召同袍祖餞于珠江舫，即席用子匋韻

紫楝飛飛復弄寒，寵行尊酒醉江干。詩心早蘊停雲意，畫本還留落月看。客有汪倫情靡盡，娟如徐淑別尤難。東鯷烟雨輕帆卸，可是櫻花尚未殘。

近作一首，寄似石子社督吟定。守供草。鈐「南社蔡守」「傾城掌楡」朱文印。

贈姚鳳石

答小進和留別原韻

未獲相逢翻遠別小進之美洲過滬，造訪不晤，江樓望斷水含天梁元帝《臨秋賦》「水含天而難別」。參商妬殺銀河渡小進去日七月六夕，魂夢相思碧海烟李白詩「夕棲碧海烟」。去國好求匡國策，離家曁學忘仄家禪蘇軾詩「在家學得忘家禪」。歸來他日須招我，願逐君耕沮溺田小進之美求農學。

畲沈孝則疊前韻

聞聲無限相思苦，嶺嶠吳趨萬里天。結納早期松柏雪，魂夢爲遠荔枝烟。短吟寄似知唐突，尺牘頒來相薛禪《元史·畏答兒傳》「薛禪者，聰明之謂也」。吾鄰有人能學稼謂馬小進，它年投筆共耕田。近作三首錄塵。鳳石社兄吟定。守供

草。鈐「哲父吟」朱文印。

贈姚鳳石、高天梅

過羚羊峽

廿年重過羚羊峽，感舊嗟新可語誰。複疊雲山迷曩跡，侵尋人事耐遐思。峯高夾水天為隘，岸迴号蜑秋更悲。賸羨漁家足安樂，未聞今世是何時。

寄鄧尔疋香港

君從海島得桃源，況共如花化乐天。山色侵簾來枕畔，风鬟問字坐吟邊。規撫秦漢能摹印，嘯傲烟霞已自仙。我亦闇冨 [1] 雙宿穩，鴛鴦江上足流连。

【注釋】

[1] 冨，《漢語大字典》亦無「闇『冨』」條。

秋暑

千樹花會一葉搖，秋陽逞力有餘驕。笽籠素手調冰水，區脫清談席碧蕉。暑氣連江波意沸，火雲灼野草痕焦。海綃帳底微風起，香汗凝珠傍魠 [1] 消。

【注釋】

[1] 魠，《漢語大字典》異體字表無此字。意推为「眠」字。

送陳樹人、居若明如日本

我未能歸君又去，馳詩為別各潸然。人誰與世全無意，國自先秋絕可憐。

孰道蓬萊真淺水，同舟伉儷是双仙。鄉邦回首塵沙惡，一往夷嶠欲幾年。

獨坐

琉璃窗戶，鮫綃幔幔，湘簾簾外林。林礴還看河嶺著區中，絕勝畫圖深靜參。複疊無窮意，幻入洪蒙何處尋。鎮日不妨成獨坐，萬緣淨盡此時心。

中秋夜白寉山看月蝕遇雨

百丈峯頭百畝臺，晚霞繞散月輪開。詎知彈指彈殘盡，陡覺驚心黑闇回。天上姮娥還有刦，人間鋒鏑未須哀。何堪風更驅雲起，亂雨跳珠入酒杯。

中秋雨夜寄勻香

中秋月蝕還風雨，似此良宵卻可傷。燈火滿江城慘綠，絃歌千舫轉悲涼。空命人世終年望，未賭嫦娥半面妝。明歲陰晴復難料，知君今夕更須忙。

薄莫

薄莫添衣正下樓，絕勝風景照吟眸。依人孤蝶花光冷，帶雨餘霞帆影秋。松徑抱山延野步，梧江鑿空接天流。憑高眺遠心難囿，雲際輕雷尚未收。

近作八章寄松江呈鳳石、天梅社兄吟定，並希和教。蔡守甫稿於蒼梧英領事署。

贈高慧雲、時若、姚鳳石

滄浪亭裏蘇子美

錢章韓藝都休問，祗愛蘇侯特地來。遙見高軒臨水築蘇舜欽滄浪亭詩「高軒面水曲」，依然幽逕勺山開蘇舜欽滄浪亭詩「一逕抱幽山」。漢书下酒思奇氣，湖石支挺信雅才。哭我不須錢四万，今宵風雨引清懷歐陽修滄浪亭詩「清風明月本無價，可惜只賣四万錢」。

盤門走馬与室人並騎轡

輕裘駿馬東風猛，薄莫盤門並轡來。波影綠將千堞繞，燈痕紅點万窗開范成大《晚入盤門》詩「萬窗燈火轉河塘」。前山漁唱愁蘇子蘇舜欽《夜出盤門》詩「前山漸昏瀉唱息」，深巷琵琶妒善才。喜見當壚人孃娜，與卿一酌暖寒杯。

五人墓

宗宗山塘立五堆，狂生隱市至尊來。忠良竟被閹人逮，義俠安容矯詔開。肇允匹夫能就義，可憐二史枉多才。花枝拂碣寒□烈，招得英魂醉我懷。

千人石前室人對弈

今日林泉真寂寞，千人石上兩人來。姑將坐隱為偕隱，且喜尊開旁局開。我不恃強知守分，卿何驕敵太誇才。斜陽倭妥侵仿寂，勝敗休論付酒杯。

真娘墓

冢中玉骨已成灰，月下香魂來不來。鶯囀尤憐歌韻囀，花開想見笑容開。人間從古唯多重也色譚鉄詩「何年詩人唯重色，真娘墓上獨題詩」，世上於今孰愛才王禹偁《真娘墓》詩「女命在於色，大爺在於才」。我不好名如禹偁王禹偁《真娘墓》詩「我是好名士，為爾傾一杯」，臨風也為爾傾杯。

右五首與前過吳門望太湖共七首，均吳郡新詩本也。去擬數賁此韻，以繼郭大吳郡遊草。但人事梦如，未能畢事耳。先錄此應慧雲、時若、鳳石社兄吟定。弟守供草。鈐「蔡守」朱文印。

贈高慧雲、姚鳳石

畣鄧尔疋

鄧郁招偕隱，孤高足我師。買山聊賣畫，爌世祇尋詩。家國奇窮日，人天醉甞。桃花林灼盡，何處結茅茨。

錄應慧雲、鳳石社兄吟定。社夫文甫稿。鈐「蔡守」朱文印。

贈姚石子

答劉三、陸靈素伉儷寄裹原韻並索題愚夫婦小景

劉家夫娛仙難似，偕隱江南黃葉樓。既得湖山應極樂，況能文酒復何憂。春風鬢影圖初就，溫雅詞華句待求。桃柳水村頻入夢，端知跡遠轉心稠。

近作寄似石子社督吟定。守供草。鈐「南社蔡守」「傾城掌楄」朱文印。

贈姚鳳石、高慧雲

庚戌（1910）四月余得漢鑒一。度以黍尺，徑六寸弱，重百九十銖。葵花式，凡六出。背鑄折枝花繞鼻作流雲，皆稱是。素邊素鼻，無銘。即《博古圖》所謂漢六花鑒也。鑒躰遍見水銀罺，瑩澤如玉，青綠斑布，隱若簇蠡。中抱漆帶，非坼非列。花紋隆起，風枝露葉，流動有神。精金既鎔，英彩兼鏤。緊昔制作特炫珍品。可為漢畫寫生，倣此之證也。為之贊曰：水銀陰精黑漆罺，見楊妃垢漢鑑古。刻畫折枝花作譜，允矣寫生之鼻祖。

重過水雲鄉在上海董家渡

久為雲水可，重入水雲鄉，双徑松陰合，孤亭竹影涼。舊遊端是夢，故友劇難忘。歲月嗟何急，園林惜就荒。

鳳石、慧雲先生吟定。守哲夫供草。鈐「守」字白文方印。

贈姚石子

　　庚戌（1930）中秋室人臥病，對月獨酌，悵然歸寢，枕上口占。

　　三年玩月山妻共，此夕何其病不禁。雙槳朱池波鏡裡丁丑在合浦，聯詩赤柱桂花陰戊申（1908）在香港。蕉窗去歲還同倚己酉（1909）仲秋與傾城待月有背燈並坐蕉窗下之句，欞海今宵只獨斟。差幸嫦娥猶解意，夜深來照合歡衾。寄似石子社兄吟定。守供草。鈐「哲父吟」朱文印，「漢鏡臺」朱文長方印。

贈高慧雲、姚鳳石

杭州之遊不果。郭大書來問訊，走筆盦之。即用其喜建華過訪韻。

杭州有約未能去再用九日韻，翻荷詩仙問訊來。山恨不容狂客到，菊應特為美人開。豈會遊遠拏舟興，祇少登高作賦才。後日虎丘逢盛會，也拼爛醉白雲栖。

小重陽與黃樸人登蘭春園假山

海裔無憀一隨喜，竟成野鶴逐雞群。山如培塿人如蟻，衣競花枝鬢競雲。要到千尋方性悅，今朝九仞那心欣。登高翻入城中去，此事由來已鮮聞。

近作二首錄似慧雲、鳳石二先生削政。守供草。

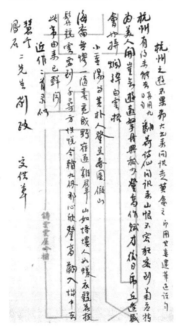

贈姚鳳石

和王六潭《十憶詩》偶得新題，頓懷往事，聊寫我思，匪敢云和

憶沐弱植曾與沈珠香同沐，今沈不知在何許

還記垂髫共莒湯，青絲卿我一般長。郎今騷首憑如衲余已剃髮，空羨圓圓工洗妝。

憶舞壬寅（1912）秋日與德國名媛繽郁蘭味作胡旋舞

當年同作胡旋舞，欻擘纖胸詎肯忞。難怪祇今魂夢裡，超逾時接鰭肩香。

憶來丙申（1896）冬夜月下與柳蕙珩遇於鶴園，洎丙午（1906）冬重來，則物是
　　人非也

月明疇昔梅花下，蘚荒春人驀地來。今夜月明渾似昨，見花影動浪頻猜。

憶去花想容錄事與余相愛，後為豪貴挾去

侯門從此深於海，新特瀕行可奈何。已是朝雲無覓處白居易詩「去似朝雲無覓
處」，教人轉死想秋波。

憶际倭妓春本鳳，眸媚絕，今已返國

想殺風流眼角工，傳情都在此眸中。祗今千里雲山隔，美目空教盼斷鴻。

憶聽丁酉（1897）與潘海棠定情，曾賦會真詩三百韻，今潘已逝

吟就會真三百韻，如花傾耳歎雄文。今宵檢向燈前讀，未肯重泉聞不聞。

憶言贄御陳笑瑳聲清善辭，余恒以解語笑呼之。今亦故

偶看玉照想當年，嬌語聲清瀝耳圓。空見顏容音已杳，漫思珠玉泄如泉。

憶想美國名媛慧德鞞愛余甚篤，雖小別亦叵耐，今闊別，未知見何如也

觸景生愁之子慣，善懷安易惹相思。遙知鎮日無憀甚，默默支頤不語時。

憶泣楊匏香善泣，故余留別詩有「感卿寵我行，淚珠三百琲」之句

覆垂玉箸咽無聲，百琲珍珠寵我行。今又仳離將十載，後園斑竹想縱橫。

憶愛乙巳（1905）余在上海陳磊落有春仔於此著書獲戾，避地夏口，洎歸海上
　　而磊落仙去

歔實教儂深銘骨，澇嗔錯愛薄情郎。盟山誓海當牢記，今世難償再世償。

商橫淹茂（庚戌1910）七月九日寫似鳳石社兄吟定，哲夫守未是草。鈐
「哲夫詩詞書畫」朱文印。

贈高慧雲、姚鳳石

和小進寄懷原韻

馬侯海上新詩句，猶挾滄溟風浪聲。天水無垠迷客夢，華夷從此遍才名。鷲排明月千杯醉，鯨跋秋濤孤劍鳴。聞道乘桴由也聲，壯懷未與故人傾。

與張處莘、李百經於愚園假山同攝影

投筆出山已十春，天涯絕妙見鄉親。離群索居正回耐，何其得遇張處莘。嘗云弱植未識面，一見傾懷知性真。故人百經乍然至，今雨舊雨滬江濱。談深不知天欲曙，快遊恰趁秋之晨。遊賞未足平原日，踏遍海上羅綺塵。吳娃阿那可娛目，名園幽雅思寄身。故鄉無此太湖石，為山安謔斯嶙峋。三人樂此留片影，他日買山兼買鄰。

錄似鳳石、慧雲社兄吟定。商橫淹茂（庚戌 1910）九月二日守喆父供草。鈐「哲父吟」朱文方印。

贈姚石子

集陳後山句十三首

寄天梅

歸到雲山尚黑頭，故人牢落半滄州。須知壯士多秋思，風月愁人不自由。

贈佛來庶

故人相見眠偏明，中帽猶堪語笑傾。范叔一寒今若此，解衣真出故人情。

晦聞就京漢鐵路局文案

胸中歷歷著千年，脫手新詩萬里傳。知己難逢身易老，高低莫可只隨緣。

聞某驟貴

去登霄漢如平地，當日功名指顧收。著健畫行真細事，向來旬日取封侯。

答鹿笙

寒窗冷硯欲生塵，一缽隨身依舊貧。富貴本非吾輩事，暫時留得自由身。

答竹公

開門先得故人書，老寄山林孰与娛。淮海少年天下士，眼看遊舊半東都。

調某題者

投隙穿鶴巧致身，徑從平地據通津。昔日布衣今著繡，赫赫傳聲已迫人。

寄小進

歸翼仍愁行路難，指穿東郭履痕乾。流離道路生涯拙，歲晚寧知范叔貧。

寄勺香四首

行路艱危已備更，此懷端復向誰傾。寧論黑白人間世，起為蒼生試一唱。
末路相逢首重回，倦看世態久低徊。靜中取適庸非計，事去定憐歲月催。
才難孰為吾君惜，許國雅城月貫虹。歷盡江山若行役，十年從事得途窮。
湖海相望闊寄聲，登臨那得總無情。誰憐壯志空凋落，白社双林諱姓名。
石子社兄正集。蔡守甫作。

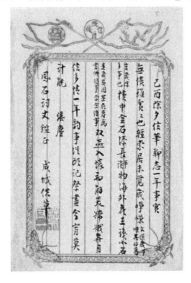

贈姚鳳石

己酉（1909）除夕信筆，聊誌一年事實。

無債雖貧貧也輕，索居未覺歲崢嶸《文選》「歲崢嶸其將暮」，言歲除多事也。櫝中金石添長平讀物，海外侯王識小名是歲英國某舊爵寓書佛領事，索余續事。双燕入懷初解笑，嫦娥奔月信多情。一年韻事從頭記，祭畫今宵莫計骹。

繕塵、鳳石詞長鑒正。成城供草。鈐「蔡守一」白文方印。

贈姚鳳石

寄高天梅攜李

我歸故國翻成客，拋却妻兒竟獨居。君作寓公殊不惡，梅花依舊繞精廬。
錄似鳳石社督正句。守哲夫供草。鈐「哲夫」朱文方印。

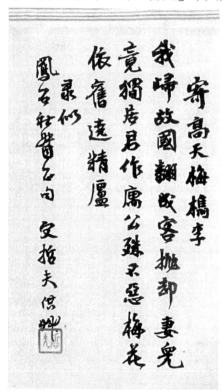

贈高天梅、姚鳳石

金陵懷古

臨春結綺今安在，城郭空餘夾道楊。宰相祇堪為狎客，噢咻那解作君王。
倘真南北江能限，任爾荒婬國不亡。拼與玉人同入井，癡情差勝李三郎。
天梅、鳳石先生吟定。守供草。鈐「哲父吟」朱文方印。

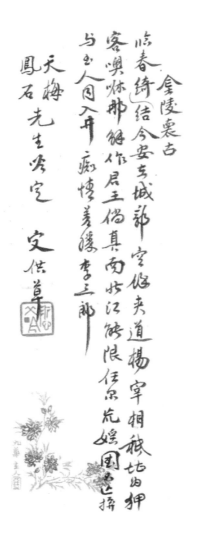

贈高天梅、姚鳳石

九日白崔山居有感

彝樓窈窕插穹蒼，詎肯隨人與節忙。不盡山川供極目，了無風雨入重陽。
剩緣念遠增怊悵，寧為登高迫閉藏。此日秋聲徧天下，菊花作意向誰黃。

小重陽雨中寄晦聞

風雨入懷驚節換，忍寒為寫憶君詩。昨宵著酒俄都醒，今日看花已過時。
去馬來牛成慣見，雄蜂雌蝶總相疑。京華一臥秋將晚，國士投閒世可知。

　　近作兩首寄松江、似天梅、鳳石社兄吟定。蔡守初稿於蒼梧白崔山居。

贈姚鳳石、高慧雲、王漱巖、柳亞盧

朋儔海上宛晨星，文字神交喜得新。詩韻遙傳收拾富，郵簡頻買那辭貧。連宵裁答三更雨，何日晤言一家春。姹嬹村居無客到，敏门獨有遞書人。

比來與鳳石先生暨高慧雲、王漱巖、柳亞盧作文字交，喜而漫賦，錄塵郢正。有守供草。

贈高天梅、姚鳳石

七月廿六夕，梁節庵鼎芬先生招李湘文啟隆、吳雨臣道鎔、汪辛伯兆銓、盛荄舲景璿、崔日齋景元、黃晦聞節、李茗柯師實、鄧爾雅溥及余，飲於南園，商量社事。

湖海歸來百念輕，風塵斂手抱寒瓊。買山未果催中歲，投世深難遣此情。偶而高筵有今夕，欲與吾鄰仗先生。試招南園詩魂返，一洗時趨起正聲。

天梅、鳳石二詞長吟正。守供草。鈐「阮籍」朱文長方印。

贈姚石子

清明與晦聞登鎮海樓寄梁七

楚狂休自誇黃雀，絕遜層樓氣象雄。五岳才歸禺嶺小，十年再見木棉紅。海南春色愁難寄，天末佳人信未通。遠念遼陽還積雪，故鄉吹暖楝花風。

石子社長吟定。守哲夫草。鈐「哲夫」「傾城掌榆」朱文方印。

贈高慧雲、時若、姚鳳石

山塘泛舟

水程七里笙歌繞，燈舫蘇臺載酒來。遊子鳴鞭眠柳起，漁娃蕩槳落花開。東風無力難扶醉，春物多情慾誘才。此夜山塘新月好，與卿更盡鳳凰杯。

慧雲、時若、鳳石社兄吟定。守供草。

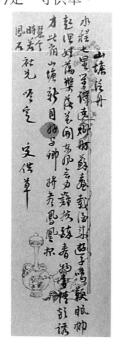

贈高慧雲、姚石子

上巳遊萬生園

且容仲御夏統安閒坐，那有公望平讀，賈充過問來。太潔可愁丁五濁，不祥莫甚是多才。未青萬柳將春惱，無意孤花犯節開。一月京華塵污面，秉蘭臨水自低徊。

寒食登江亭寄晦聞、貞長

寒食江亭草不青，東皇多負躑青人。二君南下吾何北，萬族冬藏氣未春。鄉思自生今日意，閒情爭遣此時身。斜陽香冢寒鴉噪，風物將愁與客頻。

清明雪中寄書傾城附一詩

坐看回雪入清明，遠念鄉邦百感生。沖節一書無限意，料卿三復不勝情。木棉妝閣紅應綻，芳草豐臺綠未成。此日祇宜甘負載，今朝愁絕憶傾城。

近作三首寄似慧雲、石子社兄和教。弟守哲夫初稿於薊門。甲寅（1914）三月廿五日。

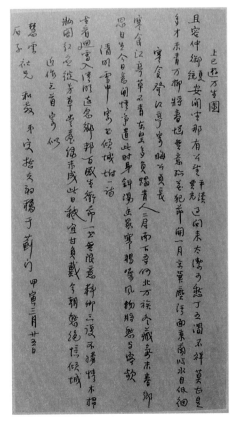

贈姚石子

我逾思君君逾遠，南溟掛眼渺愁余。麒麟本色非蒙楮，鴻鵠高飛不入笯。大好江山容擊楫，飄蕭書劍竟乘桴。英雄知己有紅拂，能伴亡人去國無。

送謝勾香之檀島。石子社兄吟定。寒瓊子供草。鈐「哲夫」朱文方印。

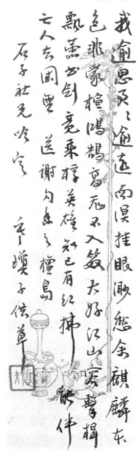

贈姚鳳石

題《蒹葭樓圖》

我所思兮渺何許，百無憀賴獨登樓。露凝澤畔孤虫泣，月冷沙前斷雁愁。難遣伊人一洄溯，固知吾道在滄洲。此間誰識淒淒意，寫入青緗紙是秋。

題《淮南集》即寄周實丹

淮南文獻近何如，亂世詩人賦彼都。詎為科名刊國表，爭扶大雅易時趨。感深陵谷多懷舊，道在雲霄莫歎孤。手挽狂瀾上壇坫，聯吟應共薄嫣姁。

　　閏六月十七夕，病中晦聞以南園詩社重開諸什見示，並述獲觀黎美周畫冊，即次原韻。

　　蓮鬢遺素那能亡，病眼緣慳祗自傷。畫裏花光沈勝國，海南儒疋望斯堂。百年風會成消歇，十子才名獨老蒼。亂世詩人盼君子，豈堪來與賦陽陽。

　　近律三首寄似鳳石社兄吟定。守哲夫。鈐「寒瓊蔡詩」白文長方印。

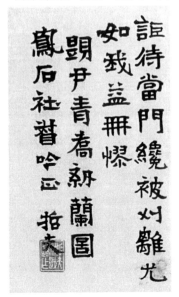

贈姚鳳石

　　詎待當門纔被刈，離尤如我益無憀。

　　題尹青喬《紉蘭圖》。鳳石社督吟正。哲夫。鈐「哲夫□戲□乍」印。

贈姚鳳石

　　兲霾帀月迎梅雨，直到端陽夏至時。照眼龍蛇來大陸租界電車均飾以㠯龍，傷心蒲艾綠天涯。春衣典盡寒偏逗，節物賒難病不思。親煮术羹與仰飲，願仰疾苦自今離室人抱恙未瘳。

　　鳳石詩長吟正。己酉五日有守供草。鈐「庚戌」朱文方印。

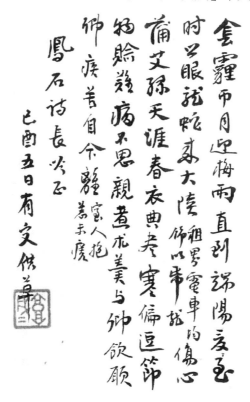

贈高天梅、姚鳳石

雨餘同抱香作

　　雨餘餘，響入窗來各有奇。愁付酒杯寂寂，空城聞落葉蕭蕭。破屋長新苔，連霄無賴遊。作夢一舸難成避世，才聊抱孤芳慰□。況寒林，戢影絕纖埃。

　　倘廻孤抱破鴻蒙，無復陰符滿腹中。一雨頓教天作祟，九原絳許鬼稱雄。刳肝文字千秋在，彈指烟雲萬族空。欲掃沉霾成夢想，揮戈誰見日升东。

　　天梅、鳳石社長和教。弟守初稿。

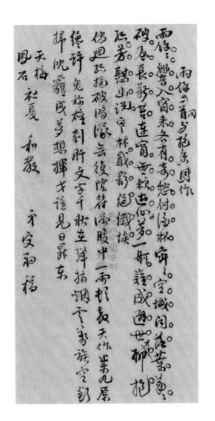

贈高慧子、姚石子

贈何劍士

何三今俠士，爛醉笑迂儒。敢裰麒麟楥，能開鳳鳥笈。豪情端寄酒，迴句宛探珠近讀其金陵遊草，甚佳。示子鐾金角，希摹聽劍圖。

畣何三三首

詩未展向窗前讀，風正弸彋飽一簾。我道清涼隨處有，奈何人自要趨炎。

遊清涼山

天子無愁妓莫愁借句，遊人底事轉生愁。既非落拓天涯日，安用江湖載酒遊。

莫愁湖之覓小舟不得

秦淮古渡名桃葉，說甚獻之之愛妾。不值因他作櫂歌，任他自苦去迎接。

桃葉渡櫂謌

录呈慧子、石子社兄吟定。守供草，五月廿二日。鈐古肖形印。

贈何劍士

何三今俠士煳琭吳迁儒 敢桃麒塵橫能開鳳昌箓豪情瑞孛位迴句宛揮

珠並並華石迚示子晉金角希孕臕剣圆

會何三三首

詩束康向窗窘讀風巫湖凞兇一毫武道清深隨慶有奇何人自要綠髪迓清洽

天子言無牧莫憑句逅人廥高勁箏怱飲純莽扸天涯曰笶用江湖載出逅莫愁胡上

蹇淮太渡名姚莒說去献之之爱妾不值囯作偕評了任它自羞吞迎搖龵葉質髱

慧子社兄吟定

石子社兄吟定

守供草 廿言

贈高慧雲、姚石子

正月二日與室人如吳門

陸機高啟漫賦吳趨行，國作荒原杜牧來杜牧《吳門》詩「國作荒原人作灰」。城郭好誇烟水足李紳詩「烟水吳都郭」，樓臺爭覩鬢鬟開。特思偕隱梁鴻事，不羨登高王粲才。未信世間真樂土唐寅詩「世間樂土是吳中」，干戈無那亂吟杯是日兵變。

望太湖

照眼具區三萬頃，琉璃無類鏡飛來。水搖石骨玲瓏韻，烟泮山容透迤開。居易十船留故事白居易詩「十隻畫船何處宿，洞庭山腳太湖心」。有書為故事留湖上，鷗鷺一舸也奇才。漁舟遙望微於芥，無淶湖光想渡杯用西晉杯度事。

慧雲、石子詩兄吟定。守供草。

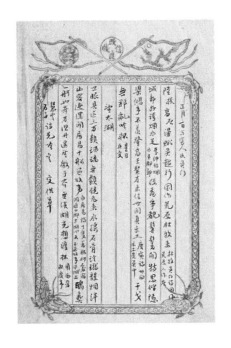

贈姚鳳石

重陽

　　絃歌歡騰爆竹聲初八日士民集議，遂樹獨立之旗。家家相慶，爆竹之聲竟夕不絕，倉皇離散各相驚詰朝知獨立不成相率而去。既無東莞安民策元末何真以廣東分省，參政保警安民。雖中原大亂而嶺表無事。後人尊之曰「東莞伯」，那有睢陽效死氓。秋雨黃花弔雄鬼三月廿九日之變，鄹人死者皆葬黃花崗，曉風畫角起空城是日城中居民一空。家家釀就茱萸酒，詎料重陽醉不成。

　　寄似鳳石社督鑒意。寒瓊甫稿。鈐「寒瓊蔡詩」白文長方印。

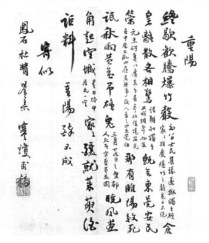

贈姚石子

昨夜辛亥三月三十日作

昨夜無端噩夢驚，春歸底事轉崢嶸。杜鵑詎欲空啼血，精衛應愁浪用情。
燈炧窗紗將薄曉，風沉簷鋹有餘聲。一番雨過花飛盡，翻見欣欣夏木榮。

石子社督細論，守供草。鈐「哲夫」「傾城掌楄」朱文方印。

贈姚鳳石、粲君 [1]

白門悲秋集題辭　　張獨立

讀餘一卷怨秋句，秋夢無端逐晚潮。寒雨連江來日下，蕭蕭殘柳韻千條。
夫壻呼儂扶病起，商量同畫孝陵圖。圖成珍重看千遍，欲付千秋可得無。

和作附　　陳鴻璧

如此江山如此客，悲秋心似治成潮。新詩無盡興亡感，讀罷支頤淚萬條。
吾友蔡家賢伉儷，新詩吟就更能圖，空山掌故千年後，除卻斯圖恐更無。

又　　張秋英

一卷新詞轉大招，國魂爭似白門潮。潮聲定助悲秋盛，一字吟成淚一條。
秋氣蕭森王氣盡，秣陵久已失雄圖。何堪秋士同歌哭，亙古傷心似此無。

又　沈珠香

白下曉風殘月裡，悲秋心湧怒於潮。長楊也作淒淒語，轉覺多情是柳條。
展卷低吟愁靡極，那堪更睹孝陵圖。六朝興替匆匆了，勝國淒涼百代無。
譜似鳳石、粲君雙鑒。守錄。

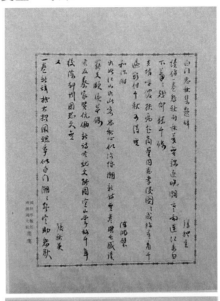

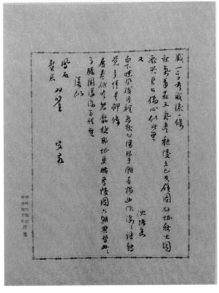

【注釋】

[1] 據《故紙溢芬：金山圖書館藏南社名家手稿珍品圖錄》，上海大學出版社 2020
年版選錄。

篆　刻

牟軒殘星——蔡慶高家藏蔡守談月色作印 [1]

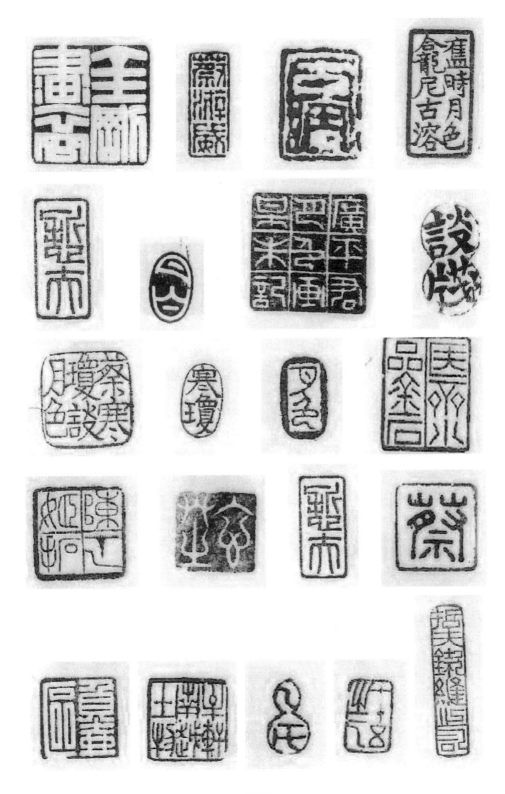

【注釋】

[1] 2018 年，蔡守裔孫清點家藏蔡守遺物，尚存蔡守、談月色作篆刻 33 枚。蔡守與談月色篆刻。當時人已含混不清。蔡守有詩曰：「有誤以月色治印為余作者口占一首　衰翁六十眼昏昏，治印先愁臂不仁。老去千秋有鈿閣，牀頭翻誤捉刀人」。故合為一編。

《國粹學報·博物圖譜》用印輯存

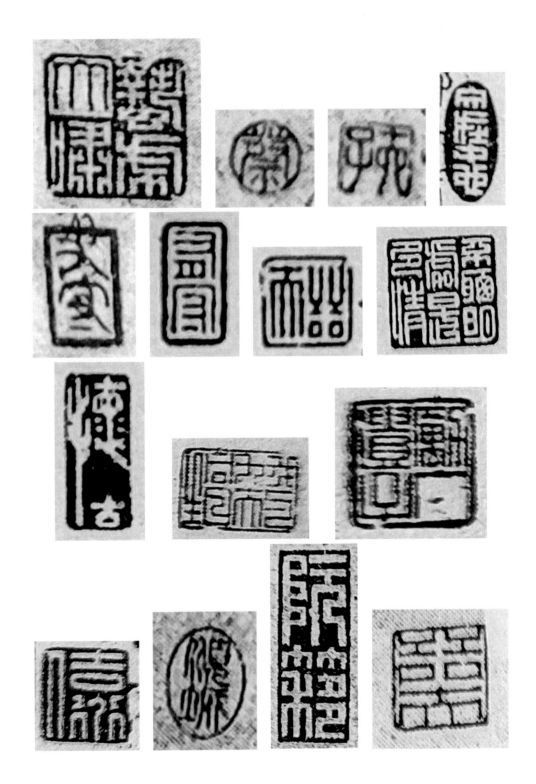

存世蔡守印譜印拓 [1]

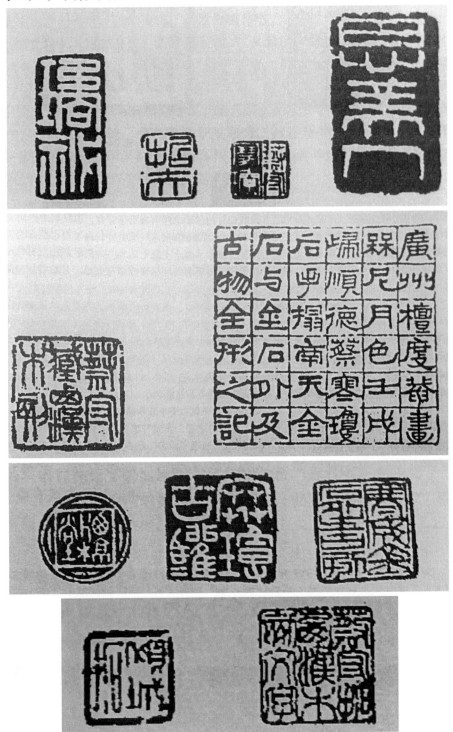

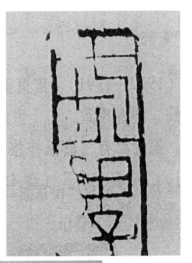

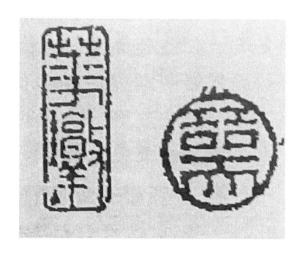

【注释】

[1] 印譜現存南京徐暢先生。

附錄一：《蔡守集》人物考

伍慶祿　編

凡例

　　《蔡守集》中古今中外人物眾多，達到兩千多人，使用稱謂千變萬化，有正名、別字、號、里爵、齋名、室名等，給讀者帶來一定的閱讀困難。為此作《蔡守集》人物考附錄。

　　一、以姓氏筆劃數為經，以首字起筆橫、豎、點、撇、折為緯。

　　二、以生年或卒年為派。

　　三、古、今人界定，1900 年前去世或在世的人。

　　四、考姓名、時代、生卒年份、別字別號、室名、齋名、籍貫、事蹟、著作。

一、蔡守與時人交遊考

姓氏檢索

　　二畫：丁
　　三畫：于　川　子
　　四畫：王　方　文　卞　巴　尹　孔
　　五畫：古　田　申　仙　丘
　　六畫：吉　呂　朱　仿　仲　任　伍　宗　安　江

姓名檢索

王葆楨　王景岐　王蘧　王謇　王珂　王個簃　王大覺　王修　王榮昌　王虢
王浣　王季原　王福基　王崇烈　王義門　王獅子　王慧　王籀家
　　方爾謙　方樹梅　方若　方廷楷　方介堪　方宛君　方天仰　方景陶
　　文廷式
　　卜綬昌
　　巴澤惠
　　尹爟
　　孔昭來　孔雲白　孔儀婧
五畫：古　田　申　仙　丘
　　古印愚　古應芬　古直
　　田個石　田星六
　　申眈觀
　　仙根
　　丘復
六畫：吉　呂　朱　仿　仲　任　伍　宗　安　江
　　吉富槿花
　　呂鏡秋　呂佩芬
　　朱記榮　朱家駒　朱益藩　朱汝珍　朱錫梁　朱慶瀾　朱聲韶　朱瑞
朱尊一　朱庭祜　朱維瀚　朱士林　朱端　朱崧生
　　仿蘇
　　仲偉儀
　　任預　任元熙
　　伍德彝　伍平一　伍佩琳
　　宗仰　宗威
　　安元
　　江尊　江逢辰　江孔殷　江天鐸　江樹昀
七畫：杜　李　吳　貝　何　延　余　言　宋　汪　沙　沈　邵　岑
　　杜亞泉　杜宴
　　李鴻章　李秉衡　李根源　李棲雲　李澄宇　李尹桑　李國松　李鳳廷
李景康　李研山　李秋君　李金髮　李天馬　李開榮　李雲齋　李瓦　李孝瓊

李鍾瑤　李愛陶　李孺　李放真　李伯賢　李漢楨　李詳耆　李約韓　李小坡
李孟哲　李樹屏　李在銛　李橘叟

　　吳大澂　吳祖椿　吳道鎔　吳恭亨　吳廷燮　吳敬恒　吳隱　吳士鑒
吳瑞汾　吳佩孚　吳闓生　吳梅　吳岳　吳康　吳仲垌　吳熙曾　吳德光
吳熊　吳天任　吳炎　吳仲珺　吳逸香　吳玉庭　吳芯亨　吳應麒　吳蝶衫
吳東園　吳鳴麒

　　貝格滿

　　何維樸　何藻翔　何振岱　何香凝　何遂　何覺夫　何鬯威　何一山
何博謇

　　延茂

　　余紹宋　余應松　余其鏘

　　言敦源

　　宋君方

　　汪宗沂　汪康年　汪兆鏞　汪洛年　汪錕　汪梅湖

　　沙元炳　沙孟海

　　沈曾植　沈宗畸　沈福田　沈祖憲　沈權衡　沈古宜　沈文蔚

　　邵祖平　邵銳

　　岑光樾　岑笑漁

八畫：林　岡　范　卓　易　金　周　況　沛　官　居　孟　岩

　　林琴南　林森　林之夏　林直勉　林桂馨　林祈生　林步蟾

　　岡本梅外

　　范壽銘　范九　范鏞　范雋丞　范兆經

　　卓仁機

　　易佩紳　易順鼎　易孺　易忠箓　易君左　易劍泉

　　金天羽　金武祥　金祖澤　金梁　金曾澄　金鐵芝　金元憲　金禹民
金子才　金實齊

　　周錫恩　周夢虞　周覺　周肇祥　周實　周越然　周玉翁　周紹光　周埜
周玉鐫　周積芹　周伯龍

　　況周頤　況維琦

　　沛雷賓

　　官禪

居曦

孟梅

岩竺

九畫：柳　柯　胡　查　封　荒　冒　侯　俞　姚　姜

柳詒徵　柳亞子

柯逢時

胡曼　胡思敬　胡韞玉　胡漢民　胡毅生　胡佩衡　胡退處　胡眉仙
胡熊鍔　胡肇椿　胡少蘧

查燕緒

封祝祁

荒浪煙崖　前川研堂

冒伯啟　冒廣生

侯鴻鑒

俞樾　俞錫疇　俞同奎　俞可師　俞鍔　俞鬘遺　俞梧生

姚勁秋　姚華華　姚粟若　姚石子　姚得賜

姜可生

十畫：馬　秦　袁　莫　夏　畢　郭　唐　高　宣　容　倪　徐　殷
　　　翁　奚　陳　陸　陶　孫

馬衡　馬駿聲　馬公愚　馬文輝　馬鋤經

秦錫圭

袁勵准　袁伯禎　袁克文　袁天庚　袁丕鈞

莫耀　莫慧劍　莫漢鶴

夏敬觀　夏宜滋

畢朝鑾

郭似塤　郭葆昌　郭東史　郭則澐　郭仲達　郭蘭枝　郭竹書

唐文治　唐恩溥　唐醉石　唐祖培　唐椿森　唐炯　唐病虹

高劍中　高鴻裁　高田忠周　高旭　高時顯　高巒　高時敷　高穩禽
高忠業　高遜　高鳳年　高蔚如　高潛子　高燕如　高琴

宣哲

容庚　容肇祖

倪映典

徐桐　徐樹鈞　徐士愷　徐琪　徐新周　徐兆瑋　徐乃昌　徐珂　徐樹錚
徐穆如　徐鋆　徐慎侯　徐平

殷松年

翁同龢　翁斌孫　翁思益

奚侗

陳喬森　陳與冏　陳寶琛　陳季同　陳三立　陳伯陶　陳衍　陳夔龍
陳漢章　陳昭常　陳彥衡　陳少白　陳漢弟　陳衡恪　陳半丁　陳融　陳叔通
陳鼎忠　陳嘯湖　陳梅湖　陳陶遺　陳大年　陳樹人　陳中凡　陳銘樞
陳澹如　陳柱　陳方恪　陳邦福　陳向元　陳乃乾　陳瑛　陳兼善　陳寥士
陳世鎔　陳運彰　陳夷同　陳祓溪　陳寬　陳煜駵　陳子靖　陳保孚　陳松英
陳景素　陳伯任　陳舒　陳仲璧　陳恭受　陳清　陳樾

陸繼輝　陸增煒　陸寶樹　陸靈素　陸更存　陸幼剛　陸丹林　陸屺公
陸孟芙

陶邵學　陶瑢　陶壽伯

孫詒讓　孫雄　孫毓筠　孫道毅　孫謹丞

十一畫：區　梅　黃　曹　盛　國　許　章　康　商　梁　符　張
　　　　崔　崇

區大原　區夢良

梅蘭芳

黃玉麟　黃紹憲　黃遵憲　黃士陵　黃紹箕　黃映奎　黃任恒　黃賓虹
黃節　黃少牧　黃葆戉　黃嵩年　黃元蔚　黃佛頤　黃濬　黃旭初　黃麟書
黃居素　黃君璧　黃肇豫　黃文寬　黃彝年　黃葵石　黃鼎平　黃履思
黃信古　黃石喬　黃慕韓　黃子韶　黃荔仁　黃曉浦　黃秪岡

曹熙宇　曹婉真

盛炳緯

國分青崖

許樹枌　許承堯　許之衡　許晉祁　許士麒

章壽康　章太炎　章珠垣　章硯舫

康有為　康天如

商承祚

梁垣光　梁鼎芬　梁鸞瑲　梁鴻志　梁紹章　梁志文　梁于渭　梁子芹
梁定慧　梁昭武

符翕

張之洞　張蔭垣　張人駿　張廷燎　張仁黼　張佩綸　張可中　張開儒
張繼　張一麐　張榮培　張競生　張傾城　張景遜　張志魚　張虹　張任民
張乃驥　張次溪　張丹斧　張光蕙　張騰　張頌堯　張豫泉　張仲球　張可
張漢宗　張友人　張蘭丹　張遜之　張厚璜　張齡

崔師貫

崇綺

十二畫：董　萬　葉　項　閔　童　廉　湯　曾　喬　程　傅　鄒
　　　　舒　費　馮

董康　董玉書

萬繩栻　萬靈蕤

葉德輝　葉期　葉銘　葉次周　葉湊漁　葉恭綽　葉楚傖　葉潞淵
葉大濤　葉美蓮　葉美蘭　葉敬常

項驤

閔爾昌

童益臨　童大年

廉泉

湯石予　湯滌　湯安　湯俵背　湯今順

曾墨躬　曾經　曾傳輯

喬大壯

程景宣　程頌萬　程大璋　程硯秋　程適　程蟄庵　程後姚　程康
程雲岑　程心之

傅以禮　傅增湘　傅壽宜　傅金城　傅熊湘　傅韻雄

鄒安　鄒浚明　鄒魯

舒厚德

費硯　費樹蔚

馮子材　馮光遹　馮漢　馮湘碧　馮康侯　馮衍鍔　馮石癲

十三畫：路　溫　瑞　蒲　楊　靳　頓　虞　褚　愛新覺羅

路朝鑾　路金坡

溫其球　溫丹銘　溫斌至　溫啟明　溫述明

瑞徵

蒲瓚勳　蒲仙帆

楊文會　楊守敬　楊其光　楊壽昌　楊玉銜　楊寶鏞　楊圻　楊天驥
楊樹達　楊仲子　楊縵華　楊梓卿　楊會亭　楊甓漁　楊琴溪　楊雪明
楊思康　楊永衍　楊瀞笙　楊瑞貞　楊桂耀　楊成志　楊文瑩　楊嘯谷
楊瓊笙　楊秋瀛

靳志

頓立夫

虞銘新

褚德彝　褚成博

愛新覺羅·盛昱　愛新覺羅·寶熙　愛新覺羅·毓隆　愛新覺羅氏崇娘格格

十四畫：蔣　寧　壽　趙　蔡　熙　廖　端　齊　鄭　榮　鄧　熊

蔣艮　蔣式芬　蔣維喬　蔣伯塤　蔣中覺

寧調元

壽璽

趙爾巽　趙藩　趙詒琛　趙時棡　趙石　趙式銘　趙士鴻　趙聲　趙宗瀚
趙橘穠　趙月川

蔡卓勳　蔡元培　蔡敬襄　蔡廷鍇　蔡兆華　蔡姆　蔡若舟　蔡賢煒
蔡卓勳　蔡為珍　蔡兕年

熙敬

廖壽恒　廖仲愷　廖行超

端方

齊念衡

鄭業敩　鄭沛　鄭家相　鄭午昌　鄭曼青　鄭思賀　鄭翼　鄭永詒
鄭乘闓　鄭侶泉

榮祿

鄧實　鄧爾雅　鄧春澍　鄧桂史　鄧仲元　鄧之誠　鄧散木　鄧幫述
鄧驥英　鄧召蔭　鄧志清　鄧爾慎　鄧北堂　鄧秋馬　鄧野殘

熊適逸　熊公福

十五畫：樊　歐陽　談　諸　潘　黎　劉　魯

樊增祥

歐陽印吾

談士勤　談月色

諸慕貞　諸祖耿　諸宗元

潘飛聲　潘宗周　潘景吾　潘培楷　潘寶琛　潘蘭泉　潘觶　潘和
潘楠　潘芝安　潘斯鎧　潘佩如　潘蕙疇

黎澤泰

劉永福　劉學詢　劉恩溥　劉鶚　劉心源　劉名譽　劉慶崧　劉澤湘
劉三　劉體智　劉謙　劉師培　劉景棠　劉君任　劉妕　劉玉林　劉筠
劉偉民　劉驤

魯研山

十六畫：錢　盧　蕭　賴　龍　諶　館　鮑

錢慧安　錢振鍠　錢仲聯　錢競五　錢靜方　錢任

盧鑄　盧子樞　盧世傑　盧毓芬

蕭蛻　蕭謙中　蕭嫻

賴際熙

龍官崇　龍志澤　龍仲璪

諶子裁

館森袖梅

鮑鼎

十七畫：韓　鍾　戴　謝　魏　儲　繆

韓國鈞　韓登安

鍾剛中　鍾仁階

戴亮吉　戴季陶　戴玉屏　戴漢材

謝英伯　謝祖賢　謝荷鄉　謝觀蓮　謝列珊

魏鹹　魏崇元

儲南強

繆荃孫　繆鴻若　繆敏之

十八畫：瞿　關　簡

瞿啟甲

關賡麟　關超卉

簡朝亮　簡經綸

十九畫：蘇　嚴　羅　譚　龐

蘇寶盉　蘇曼殊　蘇潤寬　蘇炳文　蘇紹章　蘇炳靈　蘇軼　蘇式倫

嚴修　嚴炎南　嚴國棟　嚴邦英

羅家勸　羅振玉　羅惇曧　羅福成　羅福頤　羅祥止　羅慶元　羅賽雲

羅澤棠

譚鍾麟　譚鑣　譚大經　譚澤闓　譚錫璜

龐鴻文　龐澤鑾　龐友蘭　龐樹柏

二十畫：鐵　覺

鐵禪

覺爾察·額勒和布

二十一畫：顧

顧震福　顧燮光　顧鼇　顧頡剛　顧青瑤　顧錫祥　顧似基　顧仁卿

顧庚亭　顧時輔

二十二畫：龔

龔心釗　龔心湛

二畫：丁

丁立瀛（1844～1907），字麗生。咸豐三年（1853）隨家從鎮江遷徙蘇北東臺城。同治十年（1871）進士，欽點翰林院庶吉士，散館授翰林院編修，後任六科給事中（禮部掌印），再任順天府府丞。光緒二十二年（1896）奉旨在鎮江開設商務局，光緒二十四年（1898）參與「戊戌變法」，光緒二十五年（1899）以足疾開缺回東臺。光緒二十八年（1902）起任江蘇全省高等學堂（原江陰南菁書院）總教習。

丁立鈞（1854～1902），字叔衡，號恒齋、雲樵、小跛道人、琅邪守舊，江蘇丹徒人。光緒六年（1880）進士。官至沂州知府。光緒二十一年（1895）參加發起強學會，任總董。善左手作書畫。編有《南菁文鈔》。

丁世嶧（1868～1930），字佛言，以字行，一字松遊，號邁鈍，山東黃縣人。古文字學家，善籀篆，工篆刻，筆力雄厚，有「金鋼杵」之譽。民國初年參與組織民憲黨反袁，曾任《亞細亞日報》主筆。後還鄉從事古文字學研究。著有《說文古籀補補》《松遊印存》。

丁麟年（1870～1930），又名茀序，字紱臣，號幼石，又號移林，山東日照人。考古家、收藏家、書法家。光緒十八年（1892）進士，民國任山東省圖書館館長。工書，精研三代鐘鼎漢魏碑碣，晚年篆書尤精，為一代書法名家。著有《移林館鐘鼎款識淺釋》《殷周名器考證》《移林館吉金圖錄》《三代名器文字拓片集錄》《日照丁氏藏器目》等書。

丁苑瑜（1882～1943），字少瑾，海南瓊山人。原籍廣西靈山。父丁翰章同治七年（1868）任職崖州、臨高、文昌、昌化等州縣教諭訓導等，後落籍海南。幼隨父兄讀書，及長，專營奇楠香、椰雕工藝品。作品選材質量高，工藝水準精湛，藝術性強，深受社會歡迎，曾兩次參加國際產品博覽展銷會，中華全國商會舉辦的國貨展覽會等，獲得了多種獎項。

三畫：于 川 子

于蔭霖（1838～1904），字次堂，一作次棠，又字樾亭，號悚齋，吉林伯都訥廳人。咸豐九年進士，授庶吉士、編修，官至豫、鄂諸省巡撫。後退居南陽。1882 年任湖北荊宜施道時，拒絕英國商人的行賄，強令英商補交偷稅款。中日戰爭時，在奉天召募團練，與日軍作戰。著有《安徽清釐田賦條議酌存》五卷，《悚齋奏議》十卷等。

于右任（1879～1964），原名敬銘，字伯循，別字誘人，又字騷心，後在南京別取字草廠，亦自名牧羊兒、半哭半笑樓詩草，別號髯翁，晚號太平老人，又號痛臂翁，筆名、別署騷心、騷、心、剝果、海、耐可、神州舊主、風、大風、啼血乾坤一杜鵑、關西餘子、半哭半笑樓主、三函、獨樹齋、鴛鴦七志齋（於關中獲魏碑七件，均為夫婦同瘞墓誌銘，因以名其齋）、百花草廬，陝西三原人。光緒二十九年（1903）中舉。任商州中學堂監督。因譏刺時政遭拿辦，逃亡上海，入震旦公學。1906 年赴日本，加入同盟會，次年返滬。先後創刊《民呼》《民籲》《民立》三報。曾任南京臨時政府交通部次長，靖國軍總司令。1922 年與人創辦上海大學，任校長。1924 年當選國民黨第一屆中委。同年隨孫中山北上。1927 年初，任國民軍聯軍駐陝總司令，以策應

北伐軍。此後，任國民政府常委、軍委常委、審計院院長。1931 年後長期擔任監察院院長，逝世於臺灣。著有《右任文存‧詩存》《獨樹齋筆記》《于右任先生文集》《鴛鴦七志齋藏石目錄》等。于氏善詩詞外，又工書行草，創製《標準草書千字文》。

于士元（現代人，生卒年不詳），字自玄，浙江餘杭人，善篆刻。

川華理谷（民國時人，生卒年不詳），古玩店家主人名，在廣州高第街。

子雲（民國時人，生卒年不詳），古玩店家主人名。

四畫：王　方　文　卞　巴　尹　孔

王闓運（1833～1916），初名開運，字紉秋，50 歲後改今名，字壬甫，亦作壬父，號湘綺，學者稱尊經（曾因長四川尊經書院，故稱）。晚一字壬秋，自號湘綺老人。湖南湘潭人。晚清著名辭章家。咸豐七年中舉後，以文學遊食於名公卿之間及入曾國藩幕。其後主講成都尊經書院，又任長沙思賢講舍、衡州船山書院山長。曾授翰林院檢討，加侍讀銜。辛亥革命後任清史館館長。著述頗富，有《湘綺樓日記》《王壬秋詩鈔》。

王振聲（1836～1913，一作 1842～1922），字劭農，一作少農，號黃山遯叟，室名澹靜草廬、心清室，北通州人。同治十三年（1874）進士，由給事中官徽州知府。旋即乞歸。善書、畫，承家學，花鳥得華岩逸韻。著有《澹靜草廬集》。

王詠霓（1839～1916），原名王仙驥，字子裳，號六潭，浙江黃岩人。光緒六年（1880）進士，授刑部主事，簽分河南司行走。光緒年間駐法國、德國、義大利、荷蘭、奧地利、比利時等國公使隨員。工詩文，善書法繪畫，兼善篆刻。

王秉恩（現 1845～1928），字息存，一作雪岑、雪澄、雪丞、雪城，號茶龕、耷寁、東西南北之人，另號息塵盦主。華陽人。著有《養雲館詩存》，與羅文彬合撰《平黔紀略》《讀書隨筆》《公牘稿》等。

王懿榮（1845～1900），字正儒，一字廉生，亦作蓮生、濂生，號古現村人、養潛居士，室名天繪閣、天壤閣、正讀亭、求闕文齋，山東福山人。光緒六年進士，授翰林編修。三為國子監祭酒。1900 年八國侵略軍進侵北京時，任京師團練大臣，京城失陷自盡。生前為發現與收藏殷墟甲骨之第一人。泛涉書史，嗜金石，撰有《漢石存目》《古泉選》《南北朝存石目》《福山金石志》

《王文敏公遺集》《天壤閣叢書》等。

王舟瑤（1858～1925），譜名正階，字星垣，一字玫伯，小字紹庭，號默盦、默盦居士，室名潛園、後凋草堂。黃岩人。光緒十五年（1889）舉人。歷主九峰精舍、清獻書院、東湖書院、文達書院，任上海南洋公學、京師師範館教員，又任兩廣師範學堂監督。編著有《默盦集》十卷，《默盦詩存》六卷，《台州府志》等。

王崇煥（？～1951 在世），字吉樂，筆名漢章，晚號小敷翁，山東福山人。南社社員。王懿榮第三子。著有《古董錄》，1933 年出版。

王式通（1864～1931），字書衡，號志盦，山西汾陽人。光緒二十四年（1898）進士，歷官內閣中書、刑部山東司主事、大理院少卿等職。入民國後，歷任司法次長、總長，約法會議秘書長，責任內閣秘書長，全國水利局副總裁等職。1920 年後，任清史館纂修，故宮博物管理委員會副委員長。撰《弭兵古義》、《志庵文稿》四卷等。

王廷揚（1866～1937），字孚川，浙江金華人。光緒二十四年（1898）進士，任工部屯田司主事，江蘇、廣東知縣加同知銜。工書法，善榜書，常賴此自給。一生不置私產，至老樓止無所。70 壽誕，友好集資贈送樓屋一座，即日書契寫明身後捐獻聾啞學校，又立遺囑將書籍 70 餘箱全部捐贈家鄉蒲塘小學。著有《湖山草堂集》《山鳥山花館文稿》《詩選》等。

王震（1867～1938），字一亭，號白龍山人、海雲樓主、梅花館主，晚年佞佛，法名覺器，室名海雲樓、芷園、梓園、梅花館、六三園，浙江吳興人。工書畫，擅人物、花鳥、走獸、山水，以佛像為佳。筆墨勁利，氣勢雄渾，其精心之作，醇茂中寓以虛靈。早年得徐小倉指點，後與任伯年、吳昌碩友善。抗日戰爭初期，移居香港。著有《白龍山人詩稿》《白龍山人畫集》《孔子哲學》。

王國維（1877～1927），初名國楨，字靜安，亦字伯隅，號觀堂，又號永觀，浙江海寧人。生而岐嶷，讀書通敏異常兒。初從羅振玉求學，受羅振玉資助，留學日本物理學校。因病輟學，返國後受羅振玉推薦，在南通師範學校主講哲學、心理、倫理諸學。把西方哲學、美學思想與中國古典哲學、美學相融合，研究哲學與美學，形成了獨特的美學思想體系，繼而攻詞曲戲劇，後又治史學、古文字學、考古學。平生學無專師，自闢戶牖，成就卓越，貢獻突出，在教育、哲學、文學、戲曲、美學、史學、古文字學等方面均有深詣和創新。

有《觀堂集林》二十卷。

王文錦（1877～1933），字子繡，世居宜昌西壩。少時畢業於湖北陸軍小學。1904年投伍於武昌湖北陸軍第八鎮十五協三十標，翌年加入日知會。

王禔（1880～1960），原名壽祺，字維季，號福庵，以號行，浙江杭州人。精篆刻，書法工篆、隸。得吳昌碩鼓勵，另闢蹊徑，專工小篆與金文。所作結構妥貼精妙，刀法凝練，淳樸茂密，不逾規矩，為西泠印社創始人之一。著有《麋硯齋印存》正續集，並輯各家刻印為《福庵藏印》。

王光烈（1880～1953），又名承烈，字晉陽、天放、希哲，別署哲公、無咎、忍庵。所居曰昔則廬、希哲廬、味哲盦、千石印室，瀋陽人。精詩文，工四體書法。是近代東北書法篆刻第一大家，精於篆刻，且以詩文見長，著述甚豐。有《希哲廬印存》《印學今義》《古今篆刻漫談》等。

王燦（1881～1949），字惕山，號知希堂，雲南昆明人。著有《知希堂文選》，《一知希堂詩鈔》正集二十卷、續集一卷，《滇南楹聯叢抄》《滇八家詩選》等。

王嘯蘇（約1883～約1949），以字行，長沙人。家素貧，初以課徒自給，後為中學師。年五十，聞清華研究院有梁啟超、王國維、陳寅恪主講其間，欣然而往。友好念其始衰，勸阻之，不可。年過五十，始遊京師，卒考入清華研究院肄業。在同學中年最長，皆稱之為王先生而不敢名也。顧晚學益勤，為師友所禮重。既畢業還湘，以詩文講授於湖南大學預科。謙謹和易，鼗鼗若無能，雖對後生，必肅必恭。語聲從容低下，不發高談劇論，一望而知為厚德長者也。有《疏庵詩稿》等傳世。

王蘊章（1884～1942），字尊農、蓴農，號西神，別署西神殘客、西神王十三、梁溪蓴農、蓴廬、蓴、二泉亭長、紅鵝生、紅鵝鵯腦詞人、鵯腦、鵯腦詞人、蘇龕、洗塵、屜塵、輝塵、輝睦、松風、梅魂，室名一花一蝶亭、千二百輕鷥室、雲外朱樓、玉晚香籍、古健羨齋、備四時齋、秋雲平室、特健藥齋、海山仙龕、梅魂菊影室、雪蕉吟館、菊影樓、篁冷軒，江蘇無錫人。鴛鴦蝴蝶派主要作家之一。光緒二十八年舉人。參加南社。任商務印書館編輯，首編《小說月報》。後任滬江大學、南方大學、暨南大學、正風大學等校教授，又任《新聞報》主筆。敵偽時期曾任《實業報》主筆。著有《西神小說集》《王蘊章詩文鈔》《雲外朱樓聯話》《玉晚香籍苦語》《秋雲平室野乘》《特健藥齋詩話》《海山仙龕隨筆》《梅魂菊影室詞話》《雪蕉吟館集》《菊影樓話墮》等。

　　王葆楨（？～1929前），字漱岩，室名長勿勿齋，浙江黃岩人。南社社員。善書法，精篆刻。著有《全清詩事》。

　　王景岐（1884～1941），景岐有作京岐，字石孫，亦作石蓀，號流星，別號椒園，福建閩侯人。清末先後留學法、英兩國。歷任外交部參事，駐比利時公使，國民黨旅歐支部執行部部長（1923 年 11 月，國共合作後，周恩來奉孫中山之命，與國民黨員王景岐組成該部，周任總務科主任）。1929 年回國後，任勞動大學校長、外交部顧問、外交部條約委員會副會長等職。1936 年起，歷任駐瑞典兼駐挪威、波蘭公使。有《椒園詩稿》。

　　王薀（1884～1944），字秋湄，號秋齋，亦名君演、世仁，廣東番禺人。先後加入興中會和同盟會。19 歲起在香港任該兩會機關報《中國日報》記者及編輯。1907 年起應蔡鍔與趙聲之邀，任教於桂林陸軍小學堂與黃埔陸軍小學堂。研究書法歷四十餘年，能各書體，尤擅章草。除書法外，致力研究文字聲韻，收藏金石書畫及碑帖，工詩，精字畫鑒定。1917 年與潘達微等創辦《天荒》畫報，評詩論畫，開創當時國內最大型綜合畫刊。遺著有《章草例》《攝堂詩選》《北周造像影編》《漢石疑》《說文粵語徵》等多種。

　　王謇（1888～1968），原名鼎，字培春，後改名謇，字佩諍，號瓠廬，晚號瓠叟，另有諤公、士一、佩頎、老瓠，室名淞濱小廬，江蘇吳縣人。金石學家。蘇州東吳大學教授，蘇州美專校董。撰有《吳中氏族志》等。

　　王珂（1897～1985），字小樓，又字可玉，晚號訥叟，杭州人。父王仁治，字潛廔，是清末慈禧太后最後一位代筆畫師，曾設西泠畫社於杭州。

　　王個簃（1897～1988），名賢，字啟之，江蘇海門市人。篤好詩文、金石、書畫。27 歲為吳昌碩西席，兼從吳學書畫篆刻，為入室弟子。曾任上海新華藝術大學、東吳大學、昌明藝術專科學校教授，上海美專教授兼國畫系主任。

　　王大覺（1897～1927），名德鍾，字玄穆，號大覺，又號幻花，江蘇青浦商榻漁荇村人。南社社員。祖、父輩擅文學，幼承家教，年少能文，曾將其先人的著作輯刊，取名《青箱集》，有清芬世澤，傳之不替之意。後附《揚風雅唱》，係明、清名家對其家藏明代賢達周順昌遺扇的題詠。著有《風雨閉門齋詩文詞集》。

　　王修（1898～1936），字季歡，又號楊合、雲藍，長興雉城鎮人。少時師事丁紹猷，後又師事陳文焯，傳其詞與金石，得窺乾嘉學派門徑。民國三年

（1914），將歷年所刻印章四百方輯成《薛廬印存》四冊問世，其後所輯《長興金石志》《峨鏒碙石墨目》《泉園藏印》《仁壽堂金石》《楊（合）古陶留》《伊闕石刻考》六種，未及刊行，稿本已佚。另有《楊（合）圜錢留》稿現存浙江圖書館。《王給諫奏議》四卷和《長興叢書》十七卷，雖已付印，但流傳亦稀。

王榮昌（1912～1948），字顯齋，甘肅人。

王虤（民國時人，生卒年不詳），號二若居士，詩人。

王浣（民國時人，生卒年不詳），字悔餘，詩人。

王季原（民國時人，生卒年不詳），詩人。

王福基（民國時人，生卒年不詳），字錫五，江蘇如皋人，詩人。

王崇烈（現代人，生卒年不詳），字漢輔，山東福山人。王懿榮次子。清光緒二十年（1894）舉人。歷任軍機處存記補用道，清史館協修。

王義門（現代人，生卒年不詳），詩人。

王獅子（現代人，生卒年不詳），詩人。

王慧（現代人，生卒年不詳），字小侯，浙江山陰人。

王籀家（現代人，生卒年不詳），無考。

方爾謙（1871～1936），字地山，又字無隅，別署大方，江蘇江都人。與弟澤山文壇齊名，世稱「二方」。好集藏文物，尤以古泉為多。書法挺峭，有山林氣，擅製聯語。曾任袁世凱家庭教師，袁克文曾從問業。

方樹梅（1881～1968），字臞仙，號雪禪，一號梅居士，雲南晉寧人。早年肄業昆明優級師範學堂。曾任《雲南日報》編輯、昆明師範學校學監。1918年發起修纂《晉寧州志》，之後專心地方文獻工作，編《滇南書畫集》，編審《雲南叢書》《雲南通志》。1948 年被聘為雲南大學教授，講授雲南文化史，1951年被聘為終身教授。又任雲南省文物保管委員會委員、雲南省政協委員等職。著有《鄉賢事略》《晉寧詩文徵》《滇南碑傳集》《滇南學者生卒考》等書及稿本。

方若（1869～1955），字藥雨，浙江定海人，寄居天津。富收藏，尤好古泉。畫工石溪，古樸渾厚。曾任知府、永定河委員、北洋大學堂教授、《國聞報》主筆。所著書稿《古貨菁華》《舊雨樓古貨全稿》《古貨今說》《古金銀譜》等，皆足補前譜之遺缺。天津方藥雨與上海的張叔馴、重慶的羅伯昭並列，有「南張北方西蜀羅」之譽稱，為民國時期古錢界最負盛名的三大收藏家之一。

所著《言錢別錄》《言錢補錄》兩書於民國十七年相繼刊行，一掃前人錢譜凌亂蕪雜之弊。

方廷楷（清末民國時人，生卒年不詳），字瘦坡，號瘦坡山人，安徽太平人，南社成員。著有《香痕奩影錄》《習靜齋詩話》，輯有《獨賞集》。其《習靜齋詩話》多論清末詩，《習靜齋詞話》原附於《習靜齋詩話》，品評對象以南社成員為主，生動地記述了當時詞壇的一些訊息，具有重要的史料價值。

方介堪（1901～1981），原名文榘，後更名巖，一字介堪，以字行。所居曰玉篆樓。浙江永嘉人。出身寒素之家，幼無力納束脩入學。然性嗜金石書畫，艱苦自學，遍訪里中識一者求教，年十二始習篆，曾得謝磊明指授，並以所藏金石文字資料見示，遂得一窺門徑。稍長赴滬，拜趙叔孺門下，獲金石文字、篆刻、書畫、詩文等多方面之啟迪，孜孜以求，數年間所詣猛進。年未三十，任教於上海美術專科一學校，主篆刻課。後又應聘任新華藝專、中國藝專等校教授，仍主金石篆刻。課餘鬻印，求者踵接，日雋二三十印始可勉應所一請。晚年獲選為西泠印社副社長、中國書法家協會名譽理事。著有《璽印》《文綜》《兩漢官印》《古印辨偽》《秦漢對識拾遺》《介堪論印》等。

方宛君（近代人，生卒年不詳），女詞人，篆刻家。

方天仰（現代人，生卒年不詳），號雨樓，考古學家，著有《方雨樓錢景》。

方景陶（現代人，生卒年不詳），雲南人。

文廷式（1856～1904），字道希，一作道西、道爔、道溪，號雲閣，一作芸閣，又號薌德、葆岩、羅霄山人，晚號純常子，室名雲起軒、知過軒，江西萍鄉人。光緒十六年進士。歷官編修、侍讀學士，兼日講起居注官。支持光緒帝掌權，反對慈禧干預朝政。甲午中日戰爭起，主戰甚力。嚴參李鴻章簽訂《馬關條約》，又與康有為等人發起強學會，以陳變法革職。戊戌政變後曾東渡日本。所學長史部，尤工於詞，為清末著名詞人。著述有《文道希先生遺詩》《純常子枝語》《雲起軒詞》《知過軒隨錄》《補晉書藝文志》《老子校語》等。

卞綍昌（1873～1946），原名綸昌，字經甫，號薇閣，晚號猨盦，江蘇儀征人。善飲，而性又和諧，有五柳之風。工隸書，筆意涵泳，自然妙生，乞書者戶限為穿。不但擅長書法，還精於收藏。

巴澤惠（現代人，生卒年不詳），江蘇儀征人。

尹燨（1860～1932），字笛雲，號俠隱，別署紫雲岩叟。順德龍江人。南

社社員。與溫幼菊、潘景吾、程景宣等人設擷芳美術館於廣州，開創了廣州市美術辦學的風氣，還曾於香港設唯一女子學校，自任校長。

孔昭來（1893～1955），字文叔，山西汾陽人。篆刻家，以漢印為宗，屬入他派，造詣很深，為藝術界同行所推重。印稿留存至今者有《亦愚齋印稿》《石平安館印存》。

孔雲白（現代人，生卒年不詳），堂號晨曦閣，浙江紹興人。善篆刻，方介堪門下弟子。有《篆刻入門》。

孔儀婧（近代人，生卒年不詳），女詞人，篆刻家。

五畫：古 田 申 仙 丘

古印愚（1855～1913），字印伯，一字蔗孫，號所持，又號塞向宧、塞向翁，別署雙玉堪，齋名楚雨堂，自署居室名雙玉者、玉溪、玉局，四川華陽人。光緒五年舉人。張之洞入室弟子，初在其幕府，後官湖北漢陽令、武昌通判。辛亥革命後隱居。善書法，饒有晉唐風範。亦能詩文。著有《成都顧先生詩集》《顧印伯先生遺墨》《安酒意齋尺牘》等。

古應芬（1873～1931），字勷勤，一字襄芹，又作湘芹，室名雙梧館，廣東番禺人。早歲留學日本，加入同盟會。1907 年歸國後，任廣東法政學堂編纂、廣東諮議局書記長。入民國，歷任都督府秘書、廣州大本營秘書長、大元帥府法制局長、廣東政府政務廳長、財政廳長、監察委員等職。1927 年後，任國民黨中央常務委員、中央政治會議委員、監察委員等職。撰有《孫大元帥東征日記》《雙梧館詩文集》。哲嗣古滂。

古直（1885～1959），字公愚，又字層冰，號愚庵，又號孤生、隅樓，室名層冰草堂，廣東梅州人。南社社員。曾任廣東大學教授，中山大學文學院中國語文學系主任。創辦了梅州中學、龍文公學、高要初級師範等學校。著有《漢詩研究》《隅樓劄記》《層冰草堂詩》《汪容甫文箋》《曹子建詩箋》《陶靖節詩注》《陶靖節年歲考證》《諸葛武侯年譜》《漢詩辨證》《東林遊草》《詩品注釋》等。

田個石（民國時人，生卒年不詳），1978 年張伯駒做八十歲生日時，請的賓客中「年輩最高的田個石先生」。

田星六（現代人，生卒年不詳），原名瑜叔，又名興奎，以字行，又字醒陸，號醒庵，又號辛廬、晚秋，室名晚秋堂、蔗香館，湖南鳳凰人。南社社員，

詩人。著《晚秋堂詩》《蔗香館詞》。

申睆觀（現代人，生卒年不詳），名檉，字汕盧，遼寧人，原籍朝鮮。痛三韓亡國之慘，棄家西行，奔走革命甚力。傳曾任大韓民國臨時總統之職，語秘莫能詳也。

仙根（民國時人，生卒年不詳），詩人。

丘復（1874～1950），原名馥，辛亥革命後改馥為復，並改字荷公，自稱念盧居士。福建上杭人。辛亥革命前結識丘逢甲、陳去病、柳亞子等人，借詩詞唱和，宣揚資產階級民主革命，反對清王朝專制統治。1911年由葉楚傖介紹，參加南社。辛亥革命成功後，隨廣東代表丘逢甲赴南京參加組織臨時政府的活動。歷任福建省臨時議會議員、省議會議員及全國參議院議員。曾出任兩廣方言學堂及嘉應大學教授。熱心於鄉梓教育，先後創辦上杭縣師範傳習所、東溪立本學堂、上杭縣立中學和私立明強初級中學等校。潛心收集和整理地方文史資料，主纂上杭、長汀、武平三縣縣志。著《念盧詩集》《念盧詩稿》《念盧詩話》《念盧文存》《願豐樓雜記》和《南武贅譚》，輯錄《杭川新風雅集》和《古蛟詩選》，校勘《天潮閣集》《重編爐餘集》和《贊育草堂遺稿》等。

六畫：吉 呂 朱 仿 仲 任 伍 宗 安 江

吉富槿花（？～1932），日本長崎人。16歲往來寧滬為倡。27歲，嫁與滬商粵人劉全昌。仍設酒吧於北四川路。辛壬間日本肇禍，駐滬蔡軍與戰。自北四川路北，至江灣吳淞，皆戰地也。槿花所設酒吧，日本軍士來飲。槿花與之酬酢，得其機密以告蔡軍。事泄，日軍捕之。見其酋，詰其賣國。槿花正色曰，我既為中國人，理合助中國。賣國之說，我不受也。又況爾曹殘酷太甚，我實不忍。爾曹自號文明，文明安在。日酋殺之。國學會會友武進錢夢鯨作「槿花娘行」宣傳於世。

呂鏡秋（民國時人，生卒年不詳），名競存，時為桂林法院院長。

呂佩芬（1855～1913），一作珮芬，初字小蘇，後作筱蘇，號弢盧，又號弢蘇，室名晚節香齋，安徽旌德人．光緒六年進士，授編修。歷任鄉試考官、會試同考官、中江書院主講、功臣館纂修、編書處總纂，官至侍讀學士。曾赴日本考察，後設立河工研究所。著有《晚節香齋藏書錄》《東瀛參觀學校記》《山海經分經表》《讀漢書劄記》《讀晉書劄記》《經言明喻》《通鑑喻言》等。

朱記榮（1836～1905），字懋之，號槐廬，江蘇吳縣人。性喜書籍，以刻書、賣書為業，收藏甚富，並精於鑒別，其藏書處有「槐廬」「行素堂」，精版本目錄學，有多種叢書行世。編刻《行素草堂目睹書錄》十一卷、《行素草堂目睹書目》十卷，對版本考定、古籍流傳，頗有研究。

朱家駒（1857～1942），字昂若，號邂叟，易名敦民，字兼三，江蘇奉賢人。光緒五年（1879）舉人。曾任江蘇省議員。主持奉邑學務，為孔教會會員，兄家驊。

朱益藩（1861～1937），字艾卿，號定園，益浚弟，江西萍鄉人。光緒十六年（1890）翰林，官至湖南正主考，陝西學政，上書房師傅，考試留學生閱卷大臣。曾任北京大學第三任校長，著名書法家。

朱汝珍（1870～1943），字玉堂，號聘三，又號隘園，廣東清遠人。光緒三十年（1904）末科榜眼，授翰林院編修。輯有《詞林輯略》。

朱錫梁（1873～1932），字梁任，號緯軍，別號君仇、公孫君仇、黃帝之曾曾小子、夬膏居士等。蘇州元和縣人。日本東京弘文學院速成科畢業，後加入同盟會。1909 年 11 月 13 日，南社在虎丘舉行第一次雅集，朱梁任是參加成立會的十七人之一。1924 年，任南京東南大學教授。

朱慶瀾（1874～1941），字子橋，一作子樵、子喬、子翹、紫樵，浙江紹興人。辛亥革命前任清軍第十七鎮統制。武昌起義後，率部通電宣告四川獨立，以四川第三十三協統被推為四川省大權軍政府副都督。民國建立後，任黑龍江省護軍使兼民政長，黑龍江巡按使。1916 年出任廣東省長。孫中山發動護法運動時決心支持，任新軍司令官。不久受軍閥排擠去職。1922 年曾出任中東鐵路護路軍總司令。1925 年後從事慈善救濟工作。「九一八」事變後，募款支援東北義勇軍。

朱聲韶（1878～1927），字伯庸，輯有《朱貞介公哀挽錄》。書法家，鑒藏家。

朱瑞（1883～1916），字介人，稱興武將軍，浙江海鹽人。1905 年畢業於南洋陸師學堂。效力於浙江新軍，先後加入光復會與同盟會。1909 年去安徽任督練公所參謀處提調。次年回浙，任新軍步隊營管帶等職。辛亥革命杭州光復後，任浙軍第一鎮統制官，出師參加金陵戰役。民國成立後，任第五軍軍長、浙江都督兼民政長。二次革命後倒向袁世凱，被封為興武將軍，督理浙江軍務。1915 年雲南舉行反袁起義，次年浙江討袁軍也宣告獨立，乃逃遁上海，旋病

死於天津。著有《浙江朱都督政書初稿》，1913 年商務印書館出版。

朱尊一（1891～1971），又名貫成，安徽涇縣人。曾任安徽涇縣師範學校校長。新南社社員。善篆刻，有《壯悔室印稿》一函二冊。

朱庭祜（1895～1984），字仲翔，上海川沙縣人。1916 年畢業於北京農商部地質研究所地質科訓練班。1919 年赴美國留學，攻讀地質學，獲碩士學位。回國後到浙江實業廳地質調查局工作，歷任貴州省地質調查所、雲南地質調查所所長、浙江大學教授兼總務長。

朱維瀚（清末人，生卒年不詳），號少谷，廣東南海人，光緒十四年（1888）舉人。

朱士林（清末民國時人），字半亭，號小莊，早歲自字貞木，別號天悲道人，晚號壺公，或曰壺厂、壺道人，歸安（今浙江湖州）人。官廣東道員。尚氣節，能文章，以才不竟用，遂絕意仕進。比年自刻辛亥逸民印以見志。鐵書不規矩於古人，而神與古會，直入秦漢之室。邊款或篆隸，或行草，有運刀如筆之妙。以識者鮮，不肯為人刻。吳遯盦索其自刻者，捃而存之，有《漢馬荊印存》。

朱端（現代人，生卒年不詳），字硯英，黃賓虹弟子，高吹萬夫人。

朱崧生（民國時人，生卒年不詳），字峻夫，民國時江蘇寶應人，朱敷卿次子，附貢生，在江蘇滇捐局捐主事，光緒九年四月初九日到部，又在廣西餉捐案內報捐道員。

仿蘇（民國時人，生卒年不詳），古玩店家主人名。

仲偉儀（民國時人，生卒年不詳），字子鳳，別號昶軒，又號補袞子，先賢子路第 73 代孫，山東黃縣人。任山東大學堂教習。

任預（1853～1901），一名豫，字立凡，浙江蕭山人，任熊之子。善仕女、山水，不事渲染，秀媚天然。天分秀出塵表，畫筆受改琦、費丹旭影響較深。為近代海上六十名家之一。

任元熙（現代人，生卒年不詳），字子貞，廣東南海人。簡朝亮門下。宣統元年（1908）拔貢，官學部二等書記官，總司務學習行走，以學務勞職升一等書記官。

伍德彝（1864～1926），字懿莊、乙莊，號逸莊、逸叟、花田逸老，亦號乙公，齋名翠滴廊、綠杉軒（一作綠芳軒），廣東番禺人。世居廣州河南溪峽萬松園。幼承家學，喜繪畫，亦喜收藏。書工篆隸，渾厚蒼勁。頗通印學，篆

刻私淑西泠，所刻多自用印。著《松苔館題畫詩》二卷，《浮碧詞》二卷。1906
年集古今人篆刻成《綠杉軒印譜》，後以黃士陵所刻印輯為《懿莊印存》。

伍平一（1888～1962），字澄宇。廣東臺山人。中國國民黨創始人，近代
著名學者、律師、教育家、民主戰士。畢業於日本某私立大學。他在青年時代
就追隨孫中山的革命活動，曾任同盟會美洲支部長，主持美洲《少年中國報》
和《大同日報》，和保皇黨康有為、梁啟超筆戰，並為革命募款籌餉。從辛亥
革命前後到反袁護法運動，可說無役不與，一方面任孫中山秘書，傳達重要指
示；一方面在僑界發展組織，擴大革命運動影響力。1914 年在東京成立的中
華革命黨（中國國民黨的前身），就是伍澄宇在日本僑界倡議推動的。

伍佩琳（現代人，生卒年不詳），廣東番禺人。

宗仰（1865～1921），僧人，法名印楞，別號烏目山僧，又號楞伽小隱。
俗姓黃，改名黃中央。江蘇常熟人。幼年從三峰清涼寺藥龕和尚披剃，於鎮江
金山寺受戒。為隱儒嗣法弟子。工詩文及繪畫。清末在上海愛儷園主持講座。
後與章太炎、蔡元培、吳敬恒、蔣維喬等發起組織中國教育會，被推為會長，
並改名黃中央。1903 年《蘇報》案起，與章太炎、鄒容等同為清廷通緝，乃避
居日本。時孫中山先生旅居橫濱，特辟樓下一室使居之。回滬後，依日本《弘
教書院大藏經》校刊編印《頻伽精舍大藏經》，數年始成。民國成立後數年，
重回金山寺，謝絕交遊，閉戶讀大藏經。三年後出遊匡廬、九華、天台、雁蕩
諸山。1919 年應請為棲霞寺住持。生平與章太炎交誼深厚，圓寂後，章為其
撰《印楞禪師塔銘》。

宗威（民國時人，生卒年不詳），字子威，江蘇常熟人。曾任北洋政府交
通部秘書多年，並在北京師範學院等大學兼教職，與高步瀛等遊。1929 年受
聘於東北大學，講授詩、賦、古文辭，有《度遼集》一卷。1932 年「一・二
八」淞滬抗戰後，曾攜眷回常熟。後應湖南大學聘請，任中文系教授，抗日戰
爭時期，先後在湖南辰溪、漵浦任教，有《小說學講義》，探討的主要對象是
筆記小說，用文言文撰寫。

安元（民國時人，生卒年不詳），詩人。

江尊（1818～1908），字尊生，號西谷，浙江錢塘人，晚寓吳中。工篆刻，
為趙之琛弟子，傳乃師衣缽。戴熙、黃谷原為其作《西谷圖》卷，均名流題
詠。

江逢辰（1859～1910），字孝通，又字雨人，號密盦（庵），廣東歸善人。

光緒十八年（1892）進士。官吏部主事。從梁鼎芬遊，學益精。充湖北經心書院院長。後掌教惠州豐湖書院。工詩文詞，擅書篆、隸，善山水、花卉。著有《密盦詩文集》《孤桐詞》《華鬘詞》《孝通遺集》等。

江孔殷（1864～1951），字韶選，又字少泉，小字江霞，號百二蘭齋主人，世稱霞公、江太史，謔稱江蝦，廣東南海張槎人。少年入萬木草堂，師從康有為，1895 年參與公車上書。以文才稱，與劉學詢、蔡乃煌、鍾榮光並稱清末廣東文壇「四大金剛」。光緒三十年（1904）進士，入翰林院。清末任廣東清鄉總辦。善經營，以精飲食著稱。

江天鐸（1880，一作 1886、1879～1940 在世），字競庵、競廠，亦字靳盦，廣東花縣人。清末兩次留學日本，畢業於早稻田大學法律治科，1910 年回國。任京師高等員警學堂教習。後任眾議院議員、農商次長、全國水利局總裁、民國大學校長等職。1927 年任內務部次長。後在上海做律師。1940 年出任華北學院院長。

江樹昀（清末民初人，生卒年不詳），安徽人。魯迅當年喜歡光顧北京一家飯館廣和居，有一道菜叫「江豆腐」，就是江樹昀創作的。

七畫：杜 李 吳 貝 何 延 余 言 宋 汪 沙 沈 邵 岑

杜亞泉（1873～1933），原名煒孫，字秋帆。號亞泉，筆名傖父、高勞，漢族，會稽傖塘人。近代著名科普出版家、翻譯家。16 歲中秀才，21 歲肄業於崇文書院。光緒二十四年（1898）應蔡元培之聘任紹興中西學堂數學教員。1900 年秋到上海，創辦中國近代首家私立科技大學——亞泉學館，培養科技人才。同時創辦了中國最早的科學刊物——《亞泉雜誌》半月刊。又編輯《文學初階》，為中國最早的國文教科書。1903 年，返紹興與人創立越郡公學。翌年秋入商務印書館編譯所。主編《東方雜誌》，並開設「科學雜俎」欄目。先後主編並出版了《植物學大辭典》《動物學大辭典》，都是該學科的第一部大辭典。著有《人生哲學》《博史》《杜亞泉文選》等。譯有叔本華的《處世哲學》等。

杜宴（1880～1957），字鹿笙，廣東番禺人。學貫中西，工於詩詞文章，乃民初莎士比亞研究專家。早歲肄業於香港皇仁書院，後入英國劍橋大學主修文學史，歸國後為蔡元培延攬至北大任教，講授西洋史，後任輔仁大學英

文系教授。40年代末去臺，著有《西洋近百年史》《莎翁津味》等。妻倫靈鸞
（現？～1927後），字靈飛，番禺人。況周頤弟子，民國時代嶺南著名女詞人，
北平女子師範大學教授中國古詩詞的專職教師。有《玉函詞》《詞綜補遺》。

李鴻章（1823～1901），原名章銅，字漸甫，號少荃，一作少泉，又號儀
齋，室名小滄浪亭，晚號儀叟，安徽合肥人。李氏先世本許姓。道光二十七
年進士。授編修。咸豐三年回籍辦團練對抗太平軍。八年入曾國藩幕。十一
年奉曾命編練淮軍，後在上海、河南等地鎮壓太平軍、撚軍。同治、光緒以
來，舉辦洋務，有江南製造局、金陵機器局、輪船招商局及煤礦、金礦、電
報、鐵路等企業。並主持對外談判，先後簽訂《煙臺條約》《中法新約》《馬
關條約》《中俄密約》及《辛丑條約》。累官兩江、湖廣、兩粵、直隸各地督
撫，北洋大臣、太子太傅、大學士。封肅毅伯，諡文忠。有《李肅毅伯奏議》
《李文忠公全集》。

李秉衡（1830～1900），字鑒堂，遼寧莊河鞍子山人。捐資山東莘縣縣丞，
遷山東莘縣知縣。光緒五年（1879）為直隸省冀州知州。越二年擢永平知府。
十年（1884）移任廣西按察使，法軍侵越犯邊時，李秉衡主持龍州西運局。翌
年與馮子材分任戰守，取得諒山大捷，彭玉麟奏言：「兩臣忠直，同得民心，
亦同功最盛。」光緒二十六年（1900）庚子之變，起用為巡閱長江水師大臣。
一度列名張之洞等人發起的東南互保協議，八國聯軍進攻大沽後，李秉衡由江
蘇江寧率兵北上，保衛北京，在天津楊村敗績，退至直隸省（通州）服毒自殺。
諡忠節。

李根源（1879～1965），初字養溪（谿），後字印泉，一字雪生，別署高黎
貢山人，亦署高黎貢，又署高黎，室名曲石寄廬，亦作曲石廬，曲石精廬，自
署曲石，晚署曲石老人，又室名景邃堂、霜鏡堂、東齋、闕園，雲南騰沖人。
清末赴日學陸軍，加入同盟會，組織創辦《雲南》雜誌，倡設雲南獨立會。任
雲南陸軍講武堂總辦。武昌起義後，與蔡鍔成立大漢軍政府，任軍政總長等
職。二次革命後逃往日本，與黃興等成立歐事研究會。後反袁稱帝，參加護法
鬥爭。先後曾任陝西省省長、北洋政府農商總長與代總理。「一‧二八」淞滬
戰起，在蘇州募義勇軍。抗日戰爭爆發後，倡組老子軍，主張抗日。曾任雲貴
監察使。著有《永昌府文徵》《騰沖戰役記事詩》《滇粹》《吳郡西山訪古記》
《雪生年錄》《曲石廬藏書目‧藏碑目》《曲石精廬叢書匯刊》《曲石詩錄‧文
存》《東齋詩鈔‧文鈔》等。

李棲雲（1880～1957），原名墨湖，別署大冶，湖南邵陽人。一度為僧，棲雲即其剃度後之法號。同盟會早期志士之一。閒暇時沉醉於金石書畫研究中。曾任法醫研究所主任，解除職務後，靠鬻字刻章為生，篆工石鼓文，隸寫石門頌、張遷碑。以金石書畫篆刻謀生。

李澄宇（1882～1955），學名李寰，字瀛北，號澄宇，筆名李洞庭、李秋水，岳陽人。同盟會會員、南社社員、民國初期陸軍少將、船山學社董事、《岳陽日報》創始人。詩人、古文家，國立湖南大學教授。著有《未晚樓文存》《未晚樓文續存》《未晚樓文後稿》《未晚樓續文存》《未晚樓書牘》《未晚樓書牘續存》《未晚樓書牘後稿》《未晚樓聯稿》《未晚樓聯後稿》《未晚樓聯話》《萬桑園詩》《萬桑園詩存》《萬桑園詩續存》《洞庭南閣詩稿》等。

李尹桑（1882～1945），原名茗柯，以字行，別署槙柯、桑、壺父、秦齋。及得一大銀璽，為之狂喜，因更號璽齋，又號南越雙鏡齋、大同石佛龕。室號有宣靈館、宣靈殘瓦之室、長生安樂之室、雙清閣等，江蘇吳縣人。幼隨父遷粵居廣州，師黃牧甫，於牧甫之書、之印，及文字訓詁之學，靡不窮其原委。古璽之藝，失傳近二千年，至牧甫始一發其秘，尹桑更光而大之。有《大同石佛龕印稿》《異鈎室璽印集存》之輯。

李國松（？～約1928），榜名松壽，字健甫，號木公，別號桙齋。光緒二十三年（1897）舉人，試禮部未中，任度支部郎中，特賞四品銜為廬州中學監督。1907年襄辦皖省學務，充咨議局議長，辛亥革命後寓居上海。好收藏，工詩古文辭，為攀經羲長子。弟國筠，長子家煌。郎中銜。曾為廬州中學捐資數萬，延聘名師，廣購書籍，由此被推為合肥教育學會總理，升安徽咨議局局長。民國以後，居於上海，抗戰時曾去天津租界避居，晚年在天津謝世。

李鳳廷（1884～1967），字鳳公，以字行，廣東東莞人。幼隨父學畫，後到廣州任國畫教師。曾任廣州市立美術學校國畫系教師、全國第二屆美術展覽會廣東預展國畫審查員。工山水、仕女、花卉，並能篆刻。數十年來，繪畫授徒，成就頗多，女畫家冼玉清，梁孟博、黃曼華皆其弟子。畫餘好收藏古玉、漢印。著有《玉雅》《鳳公畫語·畫範》《玉紀正誤》《秦漢印鏡》。晚年寓香港，仍以繪畫授徒為業。

李景康（1890～1960），號鳳坡，齋曰百壺山館，廣東南海人。為香港早期教育界前輩，收藏家，詩人。戰後主持香港國學重鎮學海書樓及碩果詩社，活躍粵港文壇40年。出版有《李景康先生詩文集》《李景康先生百壺山館藏故

舊書畫函牘》。

李研山（1898～1961），本名耀辰，字居端，號研山，廣東新會人。少從潘致中習畫，後就讀北京大學法律系，同時修習西洋畫，畢業後回粵。初任職法院，1931 年任廣州市立美術專門學校校長，後來港定居，設室授徒，並舉行展覽。善山水、花卉，作品深具傳統根基，結構嚴密，得古人之風致。有《李研山書畫集》。

李秋君（1899～1973），名祖雲，字秋君，以字行，齋名歐湘館，別署歐湘館主。浙江鎮海人。先從吳淑娟為師，後入張大千之室。初學工筆山水、古裝人物仕女，喜作青綠，又愛摹古。40 歲後專攻山水，宗法北苑、董其昌。曾在上海創中國女子書畫會，任主任。又辦上海災童教養所，任所長兼校長。

李金髮（1900～1976），原名金發，又名淑良，改名金髮（當年留法期間，因病於夢中常見一金髮女郎，癒後改名金髮，以資紀念，並為筆名），廣東梅縣人。1919 年赴法勤工儉學，1921 年入巴黎國立藝術學院雕塑科。1925 年返國，歷任上海美術專科學校教授、杭州國立藝術院雕刻教授、《美育》雜誌總主編，中央大學副教授、廣州市立美校校長。抗戰期間供職於外交部，1944 年起，任駐伊朗使館秘書、代館務，1946 年代駐伊拉克公使館務。1952 年移居美國，病逝於紐約。李氏早年是一位詩人，並被稱作象徵派，著有《微雨》《食客與凶年》等。藝術著作有《義大利及其藝術概要》《雕塑家米西安則羅》，以及《古希臘戀歌》《嶺東戀歌》等。早年曾雕塑孫中山、蔣介石等人像。

李天馬（1908～1990），字千里，廣東番禺人。6 歲隨父學書。楷書、行書、章草、大草、金文、甲骨文六體俱通。著有《楷書行書的技法》《張氏法帖辨偽》《余氏書錄辨偽》《沈尹默論書詩墨蹟》《李天馬小楷選》等書，早年撰有《定武蘭亭的研究》《米芾論書》《石濤題畫詩跋》《論書錐指》《王右軍行穰帖》《名帖的真跡與贗本》《張冠李戴的王帖》《廣東書畫家生卒年表》《顏魯公劉中使帖》《柳書的贗跡》《石濤書畫稿卷的摹本》等書學論著。

李開榮（1910～1995），又名放，字桐庵、桐生。號碧梧居士、白屋詩人、從心翁等，廣東梅州人。自小酷愛詩詞，書法初學顏柳，繼學蘭亭。又好集郵、藏書、字畫、古玩。初中畢業後，協助其父管理鹽行。後加入南社和中國國學會，與蔡守、談溶、馬小進、黃文寬等人交往甚密。抗戰初入廣東省銀行，任秘書股長。湛江解放後留職。1956 年加入中國民主同盟，次年被劃為右派分子，下放湛江三嶺山農場勞動。1979 年平反。

李雲齋（民國時人，生卒年不詳），無考。

李瓦（民國時人，生卒年不詳），在廣州小北開設寶漢茶寮，往遊白雲山的文人墨客多在此歇腳，交流各種資訊。

李孝瓊（現代人，生卒年不詳），畫家。

李鍾瑤（民國時人，生卒年不詳），篆刻家，女詞人，作品曾應吳湖帆之徵，入選《襲美集》正稿。

李愛陶（民國時人，生卒年不詳），女詞人，篆刻家。

李孺（民國時人，生卒年不詳），詩人。

李放真（民國時人，生卒年不詳），字放父，著《中國美術》。

李伯賢（民國時人，生卒年不詳），民國時人，餘無考。

李漢楨（民國時人，生卒年不詳），民國時人，餘無考。

李詳耆（民國時人，生卒年不詳），北京人，民國時期考古工作者，餘無考。

李約韓（現代人，生卒年不詳），廣州奇石店石竹林主人。

李小坡（現代人，生卒年不詳），收藏家。

李孟哲（民國時人，生卒年不詳），1911 年 9 月底創刊的《新漢報》是宣傳民族革命的報刊，主筆為盧博郎、李孟哲。盧博郎等原在廣州創辦《天民報》，因宣傳反清革命，6 月 22 日出版，24 日即遭封禁，時稱「《天民報》之獄」。後來，他們避逃到香港，以《天民報》的原班人馬創辦《新漢報》，以「反滿興漢」的民族革命為號召。出版時，距武昌首義僅十天。《新漢報》是靠革命黨人捐資興辦的，1912 年 2 月，南北和議告成，清帝退位，該報認為民族革命成功，宣告結束。《廣州文史》載符實撰《晚清小說家黃小配生平》云：「1907年，香港各報記者黃魯逸、黃軒冑、歐博明、盧騷魂、黃世仲、李孟哲、盧博郎諸人組織『優天社』於澳門，數月而散，不久又復活組織『優天影劇社』，廣東人稱這些劇團為志士班，黃世仲也是該劇團第一屆二十二名社員中的一個。」

李樹屏（民國時人，生卒年不詳），貴州人。1933 年任貴州鳳岡縣縣長。當年 5 月當地發大水，街上水深 6 尺左右，沖走房子 100 多間，淹歿數百人，絕嗣者 20 多家。時中國華洋義賑救災總工會貴州分會獲悉後，為了救濟鳳岡災民，籌集了 3000 銀元，於 6 月初撥劃給鳳岡。李樹屏收到這筆災款後，便將災款占為己有，帶上縣印潛逃。逃跑途中，在離縣城 5 公里的太極洞，在洞

中題寫了「洞府奇觀第一景」7個大字，題頭書：「民國二十二年（1933）癸酉六月。」落款：「縣事李樹屏題。」並安排一石匠鐫刻於石壁之上，至今猶存。文中所述雅集似非此人。

李在銛（民國時人，生卒年不詳），字芝陔，河北涿州人。收藏家。

李橘叟（民國時人，生卒年不詳），廣東人，海派畫家。

吳大澂（1835～1902），初名大淳（以避同治帝穆宗載淳諱改今名），字止敬，又字清卿，號恒軒、愙齋、白雲山樵、白雲病叟、頌軒、鄭龕、二田居士，室名二十八將軍印齋、二舊居、十二金符齋、十六金符齋、十圭山房、十將軍印齋、十銅鼓齋、八虎符齋、三百古銚齋、千銚將軍印齋、五十八璧六十四琮七十二圭精舍、止敬室（堂）、雙瓴居、雙罌軒、玉佛龕、玉琯山房、龍節虎符館、白雲山館、漢石經室、百二長生館、百宋陶齋、師籀堂、兩壺盦、兩秦鼎室、寶六瑞齋、寶秦權齋、梅竹雙清館、瑞芝堂、辟雍明堂、瑤琴仙館、鏡室、簠齋、攀古樓。江蘇吳縣人。同治七年進士，歷官編修，陝甘學政，河南、河北道員，太僕寺卿、太常寺卿、通政使、左都御史，廣東、湖南巡撫。先後參左宗棠西行大營，隨吉林將軍銘安辦理邊防，會辦北洋軍務，與俄使會勘邊界，據理爭回被侵之琿春黑頂子地區。甲午之役，自請率軍赴遼抗日，兵敗被革職。後主講龍門書院。精於金石之學，兼長刻印，亦善書畫。著有《恒軒吉金錄》《愙齋集古錄》《十六金符齋印存》《說文古籀補》《字說》《權衡度量實驗考》《古玉圖說》《愙齋詩文集》《毛公鼎釋文》等。

吳祖椿（1847～1910？），字幼農，四川華陽人。光緒三年（1877）進士，授編修，江西饒州知府。

吳道鎔（1852～1936），原名國鎮，字玉臣，號澹庵，廣東番禺人。光緒六年與同鄉梁鼎芬同科進士，入翰林院，散館授編修，中年辭官返粵不復出仕，自此「被服儒素，講學終其身」。先後主講潮州韓山、金山書院、惠州豐湖書院、廣州應元書院等，與石德芬在郡學設館，從學者數萬人。後補為三水縣肆江書院、學海堂學長、主持廣東大學堂、廣東高等學堂監督八年，以能貫通新說舊學，使諸生誠服，又為部咨議官、廣東學務公所議長。到晚年，更是淡泊名利，謝絕一切功名，省志局、學海堂禮聘皆不就，閉門著述，幾乎以鬻字為生，但仍專力編輯鄉邦文獻，歷二十年之功，著述頗豐。著有《澹庵文存》《澹庵詩存》《明史樂府》，並主修《番禺縣志》，選輯《廣東文徵》等240卷。書法走的路徑是由法度謹嚴的唐楷再上溯骨格雄強的隋碑和北碑，其結字運

筆，收束精神，細入毫髮，初宗晚唐的柳公權書法，骨格剛勁挺拔，筆劃瘦硬
遒勁，方整有勢。他散館後，曾於李文田家研習書法，在李氏的悉心指導下，
臨習初唐的歐陽詢《九成宮醴泉》，得其方勁的用筆和堅挺的骨格。又於泰華
樓得見李氏所藏漢、魏、隋、唐諸珍貴拓本，眼界大開，書法造詣日深。到晚
年，他改習隋碑《蕭飭性夫人墓誌》，書風為之一變。帖學為本，摻以隋碑的
意蘊，遂形成挺勁蕭穆的風格樣式。對嶺南有著極大的影響，與當時的陳融、
桂坫、葉恭綽合稱「嶺南四大家」。

　　吳恭亨（1857～1937），字悔晦，又字彈赦，湖南慈利人。近代古文家、
詩人，南社社員。以遊幕、教讀為業，能詩文、工聯語。曾任進步黨慈利縣主
任幹事、《慈利縣志》總纂。所著《對聯話》，上承梁章鉅《楹聯叢話》，保存
了道光年間至民國初年不少名人的聯作，有較高的史料價值。另有《悔晦堂對
聯》《悔晦堂叢書》等。

　　吳廷燮（1865～1947），初名承榮，號向之，又號次夔，晚號景牧，室名
景牧堂，江蘇江寧人。光緒二十年舉人。歷任山西省通判、同知、知府，度支
部、法制院、弼德院各處參議。辛亥革命以後，曾任袁世凱大總統府秘書，政
事堂主計局長及統計局長。1928 年主講瀋陽萃升書院，「九一八」事變後任北
京古學院總纂。1947 年應聘南京國史館纂修。吳氏為史表專家，生平纂輯甚
富，有《北宋經撫年表》《南宋制撫年表》《元行省丞相平章政事年表》《明春
秋草》等四五十種。

　　吳敬恒（1865～1953），幼名紀靈，原名吳眺，一作吳脁、吳朓，改名敬
恒，字稚暉，一作穉暉、稚威，號朏盦，晚號朏盦老人，又別號談天老人、訒
庵、翰青，筆名夷、燃、燃料、凝真，外號劉姥姥（魯迅贈），江蘇武進人。
24 歲入江陰南菁書院，26 歲中舉，後三次會試皆未中進士，其間又肄業蘇州
紫陽書院，在津、滬教私塾。後任北洋大學堂教習、南洋公學學長。1901 年東
渡日本，就讀高等師範。次年返滬，與蔡元培、章炳麟組織愛國學社。後去倫
敦，加入同盟會，與張人傑、李石曾等在巴黎發刊《新世紀》，任主編。武昌
起義後回國，任南京政府教育部讀音統一會議長，主持國語注音工作。與李石
曾等發起留法勤工儉學會，創辦《公論》雜誌。二次革命失敗後再度赴歐。1916
年回國，任《中華新報》主筆，組織華法教育會。1920 年在法國里昂籌辦中法
大學，任校長；1924 年出席國民黨第一次代表大會，當選為中央監委。會後
任上海國語師範校長。孫中山逝世後，和鄒魯、謝持在北京西山中山靈前舉行

西山會議，任主席。之後歷任國民黨中央政治委員、國防最高委員會常委等職。1949 年 1 月去臺灣，卒於臺北。著有《胐盦客座談話》《上下古今談》《二百兆平民大問題》《荒古原人史》《吳稚暉近著》《吳稚暉先生全集》等。

吳隱（1867～1922），字石泉，號潛泉，又號遁盦，齋名松竹堂，浙江紹興人。工篆隸，擅刻印，善製印泥，整理印譜印論，先後印行古銅、古磚、古陶、古泉等印存，又匯輯《遁盦印存》叢書 25 種、《印匯》152 冊等。1904 年與王福庵、丁輔之、葉品三創設西泠印社於杭州孤山。又有《古陶存》，開本寬大，拓製精良。前有楊守敬題名，吳昌碩撰序，末有吳涵跋。收錄古陶 80 件，為研究古陶的重要資料，流傳無多。另輯有《三代古陶存》兩冊，宣統二年（1910）出版，黃山壽題書楣，吳隱自序，第一冊收錄古陶拓片 24 枚，第二冊收錄封泥拓片 25 枚。

吳士鑒（1868～1933），字炯齋、綱齋、進思，別號含英、公督（察），室名含嘉室、九鐘精舍、飛虹戴鼇之間寓廬，自號九鐘主人、九鐘老人，浙江錢塘人。光緒十八年進士。歷任編修、江西學政、侍讀、史館纂修，資政院議員。晚年居杭州。著有《晉書斠注》《清宮詞》《含嘉室詩集》《九鐘精舍金石跋尾》。

吳瑞汾（1873～1945），字乾鼎，安徽休寧人，工山水，曾佐陳夔龍幕。

吳佩孚（1874～1939），字子玉，法號智玄，籍號蓬萊，室名蓬萊仙館，山東蓬萊人。清末秀才，投北洋軍。直皖戰爭中，打敗皖系，和奉系共同控制北京政府。1922 年將奉系趕出關外，先後任兩湖和直魯豫三省巡閱使。「七七」事變後，嚴詞拒絕日軍要求出組偽府，克保晚節。後患牙痛，為漢奸齊燮元和日本特務川本芳太郎帶著醫生強行給「開刀拔牙」暴死。抗日勝利後，國民政府為表彰忠烈，為其舉行公葬，追認陸軍上將銜。著有《正一道詮》《循分新書》《春秋正義》《易經新解》《明德講義》及《吳佩孚先生全集》等。

吳闓生（1877～1950），號辟疆、北江，安徽桐城人。學者尊稱北江先生，吳汝綸之子。曾留學日本。任度支部財政處總辦。北洋時期任教育次長、國務院參議。1928 年後，任奉天萃升書院教授、北京古學院文學研究員。著有《北江先生詩集》五卷、《吳門弟子集》十四卷、《左傳微》十二卷、《左傳文法讀本》八卷、《孟子文法讀本》七卷、《北江先生文集》七卷、《詩義會通》四卷、《漢碑文範》四卷、《晚清四十家詩抄》三卷、《尚書大義》二卷、《周易大義》二卷、《古文範》二卷、《吉金文錄》等。

　　吳梅（1884～1939），字瞿安，亦作膄安、膄庵，又作臞庵、臞安，一字靈支鴗，號霍崖，又號厓叟，別署吳楳（古梅字）、逋飛、江東逋飛、長洲呆道人、呆道人、東籬詞客，室名奢摩他室、百嘉室，江蘇長洲人。現代戲曲理論家和教育家，詩詞曲作家。度曲譜曲皆極為精通，對近代戲曲史有很深入的研究。早年列名南社，任東吳大學堂教習，又主持存古學堂。吳梅弟子很多，南京大學以研究戲曲聞名的諸位先生大抵都是吳梅門下後學。1922 年秋至1927 年春，在國立東南大學任教五年。1928 年秋至 1932 年春，1932 年秋至1937 年秋在中央大學任教八年半。培養了大量學有所成的戲曲研究家和教育家。著《中國戲曲概論》《顧曲麈談》《元劇研究 ABC》《南北詞簡譜》《霍崖文錄・詩錄・詞錄・曲錄》《瞿安讀曲記》《風洞山傳奇》，校刻有《奢摩他室曲叢》等。

　　吳岳（1894～1942），字南愚，以字行，揚州江都人。吳仲容子。幼從家學，性喜雕刻，微雕技藝堪稱絕技，其草行楷隸都極工健，行款疏密宛如手書。能在不足方寸的牙板上鐫刻《論語》全文，字跡細如毫髮，用放大鏡窺看，則筆力堅勁、清晰整齊、如數珠璣，名噪京師。

　　吳康（1895～1976），字敬軒，號任書，別署錫園主人，廣東平遠人。年幼時隨父耕讀，勤奮好學。小學畢業後，赴上海復旦大學肄業。後返鄉就讀。民國六年（1917）考入北京大學哲學系。民國九年畢業後，任職於北大圖書館。「五四」運動後，曾與同學羅家倫、傅斯年、俞平伯等人創辦《新聞》雜誌，倡改革之風。著有《哲學大綱》《周易大綱》《哲學概論》《諸子學概要》《孔孟荀哲學》《老莊哲學》《宋明理學》《中國現代哲學初編》《黑格爾哲學》《近代西洋哲學要論》《中世教育史》《近世教育史》《法國中等教育》《錫園哲學文集》等。

　　吳仲坰（1897～1971），別署仲珺、仲軍，字載和，亦曰在和，齋名有餐霞閣、師李齋、山樓等，江蘇揚州人。治印曾受父執李尹桑啟蒙，為黃牧甫再傳弟子，乃浸淫秦漢古印譜，樂此不疲，不復以專師一派面目為事。輯自刻印為《餐霞閣印稿》。

　　吳熙曾（1902～1972），字鏡汀，號鏡湖，浙江紹興人，居北京。1918 年入北京大學附屬中國畫研究所學習，17 歲入中國畫學研究會從金城研習臨摹古畫，隨金城及陳師曾赴日參加中日繪畫聯展。在金城弟子中，其造詣屬深湛者。

　　吳德光（1902～1971），又名熊，號幼潛，晚號右旋居士，浙江山陰人，吳隱次子。西泠印社社員，民國時期書畫篆刻名家。曾為魯迅刻「魯迅」白文印。著《封泥彙編》等。

　　吳熊（1902～？），字幼潛，浙江山陰人。吳隱子。工書能畫擅篆刻，佐其父出品西泠印泥及各種印譜。輯有《金石家書畫集》《封泥彙編》等。《封泥彙編》一卷，1931 年上海西泠印社影印出版。是漢代官私印封泥譜錄，收集古鈐 12 方，漢官印 108 方，漢諸侯王璽印 3 方，漢王國官印 96 方，漢侯國官印 32 方，漢州部官印 1 方，漢郡國官印 141 方，漢縣邑道官印 390 方，漢縣邑道無官名印 48 方，漢鄉亭印 67 方，漢晉蠻夷印 2 方，新莽官印 57 方，漢私印 161 方，全書匯輯錄 1115 方。

　　吳天任（1916～1992），號荔莊。廣東南海人，生於南海縣大瀝鎮荔莊村。

　　吳炎（民國時人，生卒年不詳），字迪生。民國時期北京刻銅刻竹名家，擅將名人書畫摹刻於扇骨之上。北平印社主人，精於書畫、治印、刻竹。是壽石工與齊白石的入室弟子。1933 年在北京主辦召開「全國印人展」。著有《清朝內廷御製印泥法》《齊白石先生略傳及近狀》。

　　吳仲珺（民國時人，生卒年不詳），字仲坰，號載和，別署餐霞閣。江蘇揚州人。治印受父執李尹桑啟蒙，早年即客寓上海，參加題襟金石書畫研究會。

　　吳逸香（現代人，生卒年不詳），女詞人，能做散曲。

　　吳玉庭（現代人，生卒年不詳），有《有竹居詩存》一卷。

　　吳芯亭（現代人，生卒年不詳），字彈赦，詩人。

　　吳應麒（現代人，生卒年不詳），字蓬叟，詩人。

　　吳蝶衫（現代人，生卒年不詳），詩人。

　　吳東園（現代人，生卒年不詳），詩人。

　　吳鳴麒（現代人，生卒年不詳），字蓬叟，南京人。清光緒年間曾為江西南豐縣縣令。復建宋曾鞏讀書岩亭，「文革」期間亭拆毀。

　　貝格滿（現代人，生卒年不詳），瑞典人，1927 年參加中國西北科學考查團，在屬於古居延的額濟納河流域，發掘出上萬枚漢簡，這就是聞名於世的居延漢簡。抗日戰爭期間，這批國寶經香港輾轉到美國，現存臺灣。

　　何維樸（1842～1922），字詩孫，號盤止，一作磐止，晚號盤叟，一作磐叟，又號晚遂老人、秋華居士，室名頤素齋、盤梓山房，又別署清涼山下轉輪

僧，別名何伯源，湖南道縣人。同治六年（1867）副貢。歷官內閣中書，協辦侍讀，江蘇候補知府，上海浚浦局局長。辛亥革命後，鬻書於滬。為何紹基孫，書法摹其祖，得其神似。畫以山水著稱，宗婁東四家。亦精篆刻，尤精於古畫鑒別。著有《頤素齋印景》《何詩孫手書詩稿·山水畫冊》。

何藻翔（1865～1930），初名國炎，一字梅夏，號溥廷，晚號鄒崖逋者。廣東順德人。早年肄業應元書院。1892 年中進士，以主事簽分兵部武選司。1895 年上書劾軍機大臣兵部尚書孫毓汶貪驕誤國六大罪；同年參與組建強學會於北京，研究新學。翌年考取總理各國事務衙門章京。1904 年官外務部主事。1906 年隨張蔭堂使西藏，與英議約。曾奏參駐藏大臣有泰等，擬訂藏俗改良及西藏善後問題條項。民國成立後，任廣東通志館總纂、保衛團局長、廣東醫學實習館館長、學海堂學長。1920 年赴香港執教。1922 年總纂《順德縣志》。晚年校理《東塾遺稿》。著有《六十自述》《鄒崖詩稿》《嶺南詩存》《庚子圍城中雜感》等。

何振岱（1867～1952），字梅生，號心與、覺廬、悅明，晚年自號梅叟，福建侯官縣人。師從名儒謝章鋌，光緒二十三年舉人，被江西布政使沈瑜慶聘為藩署文案。辛亥革命後在福州主纂《西湖志》兼《福建通志》。擅畫能琴，書法熔碑帖於一爐，功力深厚。詩作成就亦高，以其深微淡遠、疏宕幽逸的詩歌美學在閩派中獨樹一幟，是「同光體」閩派的殿軍人物。

何香凝（1878～1972），號雙清樓主，原籍廣東南海，生於香港。廖仲愷夫人。光緒三十一年（1905）在日本參加同盟會，與廖仲愷一起追隨孫中山從事革命活動。擅畫，筆致圓渾質樸，尤工獅、虎、鹿、鶴等動物畫，意態生動逼真。藝術風格先受日本畫啟示，筆致細膩，色彩明豔。後受嶺南畫派影響，以水墨為主，素樸淡泊，30 年代後以焦墨為主，筆劃純熟，佈局疏朗有致。畫意常與祖國命運息息相關。能詩文。有《何香凝詩畫集》《雙清文集》（與廖仲愷的合集）行世。

何遂（1888～1968），字敘甫、敘父，福建福清人。早期同盟會會員，畢生從軍。雅好書畫及收藏文物。新中國成立後將畢生收藏分別捐獻給北京故宮博物院、上海歷史博物館、南京博物館和天津圖書館。僅 1950 年捐贈給上海歷史博物館的古文物就達 6895 件。

何覺夫（現代人，生卒年不詳），廣東順德人。

何邕威（現代人，生卒年不詳），江蘇江陰人，1913 年冬與袁克文、易哭

庵、閔葆之、步林屋、梁眾異、黃秋岳、羅癭公結吟社於南海流水音，請畫師汪鷗客作《寒廬茗話圖》，好事者目為「寒廬七子」，邕威有《寒廬七子歌》。其父何彥升歷任直隸按察使、甘肅布政使、新疆巡撫等職。在其出任甘肅布政使期間，敦煌遺書被發現，在運往蘭州和北京途中，盜取了不少敦煌經卷。何家富藏書，至民國時期藏書達四萬餘冊，其藏書於民國年間悉售於上海商務印書館，成為涵芬樓藏籍。

何一山（民國時人，生卒年不詳），詩人。

何博謇（現代人，生卒年不詳），字子陶，民國時人，蔡守友。

延茂（？～1900），字松岩，杜氏，內務府漢軍正白旗人。同治二年（1863）進士，歷任鴻臚寺少卿、奉天府丞兼學政、大理寺卿、吉林將軍、黑龍江將軍。他整飭軍備嚴謹，澄清吏治，成績卓然。八國聯軍入侵北京，他與弟延芝堅守安定門，終因兵敗城破，闔室自焚。此舉震動朝野，贈太子太保，諡忠恪。

余紹宋（1883～1949），字越園，亦字樾圓，別號寒柯，室名寒柯堂、春暉堂、余廬、萱壽堂，浙江龍遊人。清末東渡，入日本法政大學法律科。歸國後任外務部主事、浙江法政學堂教務主任，入民國，歷任眾議院秘書，司法部僉事、參事，修訂法律館編纂，北京法政專校、北京美專校長，北京師大、法政大學教授，司法儲材館教務長，廣東省通志局總纂，司法次長。1926 年因抗議段祺瑞政府槍殺學生的「金佛郎案」辭去次長職。南返杭州後以賣畫為生。1934 年主編《東南日報》副刊《金石書畫》。1943 年起，任浙江省通志館館長。曾任國大代表等職。擅長書畫，書宗章草，畫善木石松竹，又精刻印。余氏七代以來，俱喜書畫。有《余越園印存》《寒柯堂集》《春暉堂日記》《余廬所存心庵篆刻》等，主纂《龍遊縣志》，還編其表叔梁鼎芬遺篇《節庵先生遺詩》六卷。

余應松（清代人，生卒年不詳），字小霞，廣西人。嘉慶進士，曾任廣西三防塘主簿、大灘司巡檢、桂州通判。梁章鉅說他「以詩人沉滯粵西末僚，亦工作聯語」，有《靈檀仙館詩鈔》四卷。

余其鏘（1885～1960），字十眉，號秋槎。浙江嘉善人。自幼遍覽經史，酷嗜辭章之學。清光緒三十年（1904）中秀才後，不求仕進，改入浙江高等學堂。畢業後，歷任上海南洋女校、愛國女校、嘉善縣立高小、陶莊小學等校教師。民國初年，徐自華為紀念秋瑾在上海創競雄女校，聘其主教。民國元年（1912）結識南社創始人柳亞子、陳巢南，遂入南社為社員。六年，余十眉隨

陳巢南赴粵，在孫中山護法政府任宣傳部秘書。受柳亞子影響，加入國民黨。1922 年 10 月，柳亞子、葉楚傖、胡樸安、邵力子、陳望道、曹聚仁、陳德徵及余十眉等 8 人發起組成新南社，任書記處書記，並與陳巢南合編《南社叢刊》第 22 集。淡泊自守，愛恨分明。他是南社中著名詩人，與汪精衛同隸南社和新南社，早年亦有詩詞相唱和，交誼不薄。抗戰期間，余深明大義，與汪斷絕舊誼。著《心瑮語後》《寄心瑣語》等。

言敦源（現 1869～1932），字養田，更字仲遠，室名喁於館，江蘇常熟人。北洋時期任長蘆鹽運使、內務部次長、參政院參政、中國實業銀行董事長。著有《喁於館詩草》。

宋君方（1900～1987），字海葉，亦署吳絲，浙江嘉興人。壽石工夫人，畫家，畫山水疏儁有致。亦精篆刻。

汪宗沂（1837～1906），字仲伊，一字詠村，號韜廬，安徽歙縣人。幼時母授以《爾雅》《毛詩》，後受業於臨川李聯琇。從江蘇儀征劉文淇研究漢學，從桐城方宗誠治宋學，又自鑽研經學，博覽群書。清光緒二年（1876）拜翁同龢為師。光緒六年進士。授山西知縣，後被曾國藩聘為忠義局編纂。

汪康年（1860～1911），初名灝年，字梁卿；後改名康年，字穰卿，中年號毅伯，晚年號恢伯、醒醉生，浙江錢塘人。光緒十八年進士，官內閣中書。甲午戰後，在滬入強學會，辦《時務報》，後改辦《昌言報》，自任主編。又先後辦《中外日報》《京報》《芻言報》，有《汪穰卿遺著》《汪穰卿筆記》。

汪兆鏞（1861～1939），字伯序，號憬吾，晚號清溪漁隱。原籍浙江山陰，出生於廣東番禺，汪精衛胞兄。少隨叔父汪瓊學於隨山館。1889 年中舉人。岑春煊督粵時，延入幕府司奏章。辛亥革命後，避居澳門，以吟詠、著述自適。1918 年曾參與修纂《番禺縣續志》。1939 年 7 月 28 日病故於澳門。著有《稿本晉會要》《元廣東遺民錄》《三續碑傳集》《微尚齋詩文集》《嶺南畫徵略》等。

汪洛年（1870～1925），字社耆，號友箕，又號鷗客，亦作甌客，浙江杭縣人。書畫家。工山水，與沈塘齊名。戴用柏弟子。後學四王。書、畫皆守師法。亦善治印。被張之洞聘任兩湖師範圖畫教員。曾為袁寒雲作《寒廬茗話圖》長卷。辛亥革命後寓滬賣畫。

汪錕（現 1877～1946），畫家，餘不詳。

汪梅湖（現代人，生卒年不詳），畫家。

　　沙元炳（現 1864～1927），字健庵，晚年別號礪髯。江蘇省如皋縣人。光緒二十年（1894）進士，翰林院編修。1898 年維新運動失敗後，辭官回鄉，致力於興辦實業、教育等事業。辛亥革命後，被推舉為如皋縣民政長。1913 年又被選為江蘇省議會議長，堅辭未就。協助創辦如皋公立醫院。興辦實業，有廣豐醃臘製腿公司、廣豐榨油公司、廣豐德中藥號、皋明電燈公司、鼎豐碾坊、裕如錢莊和廣生德中藥鋪等。創辦如皋公立高等小學堂、如皋公立簡易師範學堂、如皋縣立初級中學、如皋乙種商業學堂等。曾向南通大生紗廠、廣生油廠、新生面粉廠、資生鐵廠、上海大達輪船公司、大達內河輪船公司以及沿海各墾牧公司投資。主纂《如皋縣志》。有《志頤堂詩文集》18 卷存世，其中有詩 800餘首。

　　沙孟海（現 1900～1992），小名文翰，易名文若，以字行，別署勞勞亭長、石荒、沙邨、蘭沙、決明、僧孚、孟澥、孟公，所居先後顏曰岸住廬、決明館、蘭沙館、若榴花屋、夜雨雷齋、千歲憂齋，浙江鄞縣人。少時已習篆法，並以刃石為樂。治印先問藝趙叔孺，後問藝吳昌碩。印風趨近吳昌碩之遒勁古樸，益以鬱勃雄奇，並世罕匹。著《近三百年的書學》《印學概論》《沙孟海論書叢稿》《印學史》《沙邨印話》《蘭沙館印式》《沙孟海篆刻集》等。

　　沈曾植（現 1850～1922），字子培，號巽齋，別號乙盫，晚號寐叟，晚稱巽齋老人、東軒居士，又自號遜齋居士等，浙江嘉興人。光緒六年（1880）進士，歷官刑部貴州司主事、郎中、總理衙門章京。光緒二十一年（1895）與康有為、梁啟超等成立強學會。光緒二十四年（1898）應湖廣總督張之洞之邀，在兩湖書院主講史學。此後又歷任江西廣信知府、安徽提學使、安徽布政使、安徽巡撫。曾赴日本考察教育制度。治學嚴謹，綜覽百家。博古通今，學貫中西，以碩學通儒蜚振中外，譽稱「中國大儒」。還以草書著稱，取法廣泛，熔漢隸、北碑、章草為一爐。碑、帖並治，體勢飛動樸茂，純以神行。後專治遼、金、元三史，於邊疆歷史地理及中外交通史事，開闢前人未窺的新領域。著述繁富，有《漢律輯補》《晉書刑法志》《蒙古源流箋注》《元經世大典箋注》《西北輿地考》《海日樓詩集》《曼陀羅𡆙詞》等。

　　沈宗畸（現 1857～1926），原名宗疇，字太侔、孝根，一作孝耕，號南雅，一作南野，又號瘦腰生，亦署瘦腰、繁霜、聾道人、晚聞翁、長安冷宦、沈芝，室名同詠樓、樸學齋、實獲齋、南雅樓、草窗、拜鴛、拜鴛樓、便佳簃、駢花閣、練庵、鍊庵、晚聞室、晨風閣，廣東番禺人。少年隨父親進京，師從著名

學者鄭杲學習《詩經》，才華稱冠藝林。在京 30 餘年，既有吟詩詠詞的雅好，同時又「好為花月冶遊」，流連於妓館和書坊之間。早年以一首《落花詩》聞名京師，其中的「一桁汀簾三月雨，數聲風笛六時更」被傳唱一時，人稱「沈落花」，與記者徐凌霄、袁克文、徐半夢並稱為「京師四大才子」。著社會小說《花瓶豔史》《瘦腰劇談》《霜詩》《樸學齋文鈔》《實獲齋文鈔》《南雅樓詩斑》《草窗詞校》《便佳簃雜抄》《駢花閣文選》《鍊庵駢體文選》。

沈福田（清末民初人，生卒年不詳），字硯農，詩人，廣東番禺人。

沈祖憲（民國時人，生卒年不詳），輯袁世凱《養壽園奏議輯要》（44 卷）。

沈權衡（民國時人，生卒年不詳），浙江歸安人，餘無考。

沈古宜（民國時人，生卒年不詳），蔡守母舅，無考。

沈文蔚（民國時人，生卒年不詳），字仲克，廣東番禺縣人。詩人。

邵祖平（1898～1969），字潭秋，別號鍾陵老隱、培風老人，室名無盡藏齋、培風樓，江西南昌人。肄業於江西高等學堂，為章太炎高足。1922 年後歷任《學衡》雜誌編輯，東南、之江、浙江大學教授，章氏國學會講席，鐵道部次長曾養甫秘書，朝陽法學院、四川大學、金陵女子大學、華西大學、西北大學、西南美術專科學校、重慶大學、四川教育學院教授。中華人民共和國成立後，歷任四川大學、中國人民大學、青海民族學院教授。著有《中國觀人論》《文字學概論》《國學導讀》《詞心箋評》《樂府詩選》《七絕詩論七絕詩話合編》《培風樓詩存》《培風樓詩續存》《培風樓詩》《峨眉遊草》《關中遊草》等。

邵銳（1905～1966），字銘生，浙江仁和人。戲曲家，從藝一生，與諸多書畫名家友善。著《宣爐匯釋》二卷，1928 年菰香館印行。計有釋鑄、釋鼎彝、釋耳邊口足、釋款、釋色、釋他器、釋宣厄、釋仿宣、釋藏玩、釋譜錄、釋聞見、附錄等十二篇。分別對宣德爐的原料、鑄造、名目、造型、款識、色彩及仿造等加以考釋。

岑光樾（1876～1960），原名孝憲，號鶴禪、圓淨，順德人。簡朝亮弟子，光緒三十年（1904）翰林，入讀日本東京法政大學。宣統元年授奉政大夫，歷任實錄館協修等職。辛亥後南歸，與陳伯陶在羅浮修道。後移居香港，著有《鶴禪集》等。其書法趙子昂，圓渾遒勁。

岑笑漁（現代人，生卒年不詳），廣東番禺人。

八畫：林 岡 范 卓 易 金 周 況 沛 官 居 孟 岩

林琴南（1852～1924），原名群玉，亦名徽，又名秉輝，字琴南，號畏廬，福建閩侯人。光緒八年舉人。歷任家鄉蒼霞精舍、杭州東城舍、京師金臺書院、京師大學堂等院校教席。1914 年任北京《平報》總編。1919 年在《新申報》發表小說《荊生》，反對推廣白話文。晚清以來，根據他人口述，以古文譯著了大量西方文學名著，多達 170 餘種（有書統計為 206 種），以《巴黎茶花女遺事》（今譯《茶花女》）、《黑奴籲天錄》（今譯《湯姆叔叔的小屋》）、《撒克遜劫後英雄略》、《塊肉餘生述》等最負盛名。又善繪畫，工山水，靈秀似文徵明，濃厚近戴熙。著有《金陵秋》《合浦珠傳奇》《官場新現形記》《劫外曇花》《蜀鵑啼傳奇》《閩中新樂府》《踐卓翁小說》《鐵笛亭瑣記》《存晦此登臨樓筆記》《春覺齋論文‧論畫遺稿》等。

林森（1867～1943），字子超，號長仁，又號天波、滌庵、藥樵、深山野人，晚號青芝老人，室名芙廬精舍、鹿野軒，福建閩侯人。1877 年入美國教會學肄業。1881 年入鶴齡英華書院。1884 年畢業後，赴臺北電報局任職，後任臺南法院嘉義支部通譯。1902 年考入上海江海關。曾組織福建學生會，任主席。1905 年加入同盟會。1909 年調任九江關職員，與吳鐵城等成立潯陽書報社，創辦商團，舉辦軍事訓練班。武昌起義後，策動九江新軍起義，成立九江軍政府，任民政長。南京臨時政府成立後，被選為臨時參議院院長。臨時政府北遷後，辭職回鄉，創立國民黨福建支部。1913 年當選參議院全院委員長，袁世凱解散國會，取締國民黨後，東渡日本，加入中華革命黨，赴美洲主持黨務。1916 年袁死後回國，先後任廣州護法政府外交部長、參議院議長，並以議長名義，向海外國民黨各總支部募捐，修建黃花崗七十二烈士墓。1922 年被孫中山任命為福建省省長。在國民黨第一次全國代表大會上，當選為中央執行委員，不久加入西山會議派，被選為中央常委兼海外部長。以後歷任國民黨中央特別委員會委員、國民政府委員、立法院副院長、中央監察委員、立法院院長。1932 年被推選為國民政府主席，直至去世。著有《林公子超遺集》《碧血黃花集》三卷。

林之夏（1878～1947），福建閩縣人。早年入福州英華書院習英文，又改入福建省武備學堂。1904 年畢業。1905 年任江寧第九鎮參謀，尋升第三十四標統帶；同年加入中國同盟會。1906 年隨軍至萍鄉，策劃發動起義未果。越二年，調往江西新軍統帶，謀起義，為兩江總督端方所知，得報出走。不久復

任江寧測繪學堂監督，再調第三十六標統帶。未數月，復以策劃革命事再為端方所伺，遂辭職。武昌舉義後秘密來往江寧、鎮江、上海間，策劃革命，促舊部林述慶在鎮江回應。中華民國成立後任中央第一師師長。閩軍政府成立後，被推為參謀部及軍務部部長。為人豪情俠氣，有不可一世之概，南社社員。擅詩文，工書法，著有《幕府集》《海天橫涕樓詩文集》。

林直勉（1889～1934），原名培長，字紹軒，晚號魯直，廣東東莞人。早年參加同盟會，曾任《少年中國晨報》編輯。辛亥革命後，任同盟會廣東支部長。後任非常大總統秘書、大本營秘書、國民黨廣東省黨部黨務委員。精書法，致力漢隸，每碑輒臨百通，歷十年無間斷，為隸書之傑出書家。有《林直勉先生遺墨遺著》。

林桂馨（民國時人，生卒年不詳），廣東連縣人。廣州藝博院藏容庚捐蔡守原藏《畫尼文信山水冊》鈐有「蕭山朱蘭英，字紉秋。連山林桂馨，字月裳」印。

林祈生（民國時人，生卒年無考），浙江瑞安人。

林步蟾（民國時人，生卒年不詳），字壽卿，福建福鼎人。詩人。有《寄樓鴻雪集》《寄樓詩文草》等。

岡本梅外（現代人，生卒年不詳），日本漢詩人。

范壽銘（1871～1922），字鼎卿，晚號循園，山陰人。范文瀾之叔。清末舉人。民國後，任河南都督府總秘書，彰德府知府，河南省豫東道、河北道道尹等職。嗜金石學，嘗搜集碑帖約萬種。任安陽知縣時，設立古跡保存所。在河北道尹任內，與顧燮光遍歷太行山 8 年，訪得自漢迄元各書未著錄金石 700種，成《河朔古跡志》80 卷、《圖像》1 卷。所著尚有《安陽金石目》1 卷、《元氏志錄》1 卷、《循園金石文字跋尾》2 卷、《循園古塚遺文跋尾》2 卷。

范九（1887～1967），名師洪，字知生，南通人，曾輔助張謇治理南通水利、主編《南通報》，嘗旅滬出任商務印書館美術部主任編輯，為張元濟先生助手。

范鏞（1894～1967），號煙橋，別署鷗夷，室名鷗夷室，又署鷗夷室主、含涼、含涼生、西灶、喬木、愁城俠客，室名無我相室、愚樓、向廬、小天一閣、鄰雅小築、歌哭於斯亭，鴛鴦蝴蝶派作家，江蘇吳江人。早年參加南社。就讀於東南大學。少年時耽好文史，從金天翮遊。曾與同鄉張錫佩發起油印新聞紙，初名《元旦》，繼改《惜陰》，又擴充為《同言》，二三年後改用鉛字排

印。此後結同南社，發行《同南社社刊》，又從事地方教育，任縣教員會會長，主講東吳大學。又和趙眠雲等結星社，辦《星報》，編《珊瑚》雜誌。著有《煙橋日記》《鷗夷室雜綴》《詩學入門》《吳宮花草》《齊東新語》《范煙橋說集》《中國小說史》《民國舊派小說史略》《新儒林外史》《三十年文壇交遊錄》《吳江縣鄉土志》《忠義大俠》《太平天國彈詞》《明星實錄》等。

范雋丞（現代人，生卒年不詳），詩人。

范兆經（現代人，生卒年不詳），字緯經，羅振玉妻弟，為其經營書店業務。

卓仁機（1890～1972），字西齋。金鼎官塘人。清宣統三年（1911）武昌起義爆發後，赴武漢入革命軍，英勇善戰，後到九江任贛軍敢死隊副隊長。曾任粵軍第一師一旅旅長，協助孫中山平定陳炯明之亂。後粵軍整編被解除軍職，任臺山縣縣長。卸任後先後在上海、廣州做古董生意，以善於鑒別古陶瓷見稱。

易佩紳（1826～1906），字笏山，一字子笏，湖南龍陽人。歷任貴州按察使、山西布政使，官至四川藩司。從郭嵩燾、王闓運遊，詩學隨園。著《詩義擇從》4 卷，《嶽遊詩草》1 卷，《文草》1 卷，《老子解》2 卷，《安順書牘節鈔》3 卷，《貴東書牘節鈔》4 卷，《仁書》2 卷，《函樓文鈔》9 卷，《奏稿》1 卷，《制義》1 卷，《詩鈔》16 卷，《因遇詩》1 卷，《詞鈔》4 卷，《通鑒觸緒》等。

易順鼎（1858～1920），字實甫、實父、中碩，號懺綺齋、眉伽，晚號哭庵、一厂居士等，湖南漢壽人。工詩詞及駢文，講究屬對工巧，用意新穎，與樊增祥並稱「樊易」，著有《玉虛齋唱和詩》《林屋詩錄》《寶瓠齋雜俎》《容園詞綜》《眉心室悔存稿》《琴志樓叢書》《楚頌亭詞》《慕皋廬雜刻》《摩圍閣詩》《靁園詩事》《琴志樓編年詩集》等。

易孺（1874～1941），原名廷熹，字季復、季馥，旋易名孺，號大厂，又號韋齋，別號及別署大厂居士、易熹、晬民、鶴山易孺、鶴山老人、大坴、無念、阿大、易感、待公、待翁、甦龕、不玄、外齋、老屯、屯翁、孝谷、蘇龕、花鄰詞客、玦亭、岸公、依柳詞人、念公、念盫、荀庵、南華老人、民主老人、絕景、筒宦、孺齋、魏齋，印名大厂孺、窮於甲戌，室名人一廬、雙清池館、守愚齋、壽樓、宜雅齋、法華浮圖專宦、肯休後已盫、絕影樓、梅壽盫、漢雙環室、江豆紅館、依柳詞居，廣東鶴山人。早年肄業於廣雅學院，中年遊學日本。於書畫、篆刻、碑版、音韻、文字源流、樂理等無不精研，填詞好生澀、

僻調。為陳蘭甫嫡傳弟子。列名南社。歷任北京高等師範、暨南大學、上海國立音樂學院教授，印鑄局技師等職。又設南華書社，創製北碑字模，編印古籍美術圖書。民國初年與蕭友梅合作新體樂歌，盛行一時。著《韋齋曲譜》《大厂居士造象印集·遺墨選刊》《大厂詞稿·畫集·印存》《守愚齋題畫詩詞殘存錄》《孫齋印存》《玦亭印譜》《古溪書屋印集》《魏齋印譜·璽印集·漢碑跋》《雙清池館集》《壽樓春課》《梅壽盦叢書》《和玉田詞》《古今聲律異同考略》《封泥集拓》及《中國金石史》等。孫中山任大元帥時，他任秘書。作《國民黨黨歌》，以孫中山名義發表。與蕭友梅合作《唱歌教科書》《新歌初集》《今樂初集》《楊花》等。

易忠篆（1886～1969），字均室，號稺園，別號稺園外史，室名柏風草堂、靜偶軒，湖北潛江人。善書畫，工篆行，精金石學。居武昌，與黃賓虹友善。歷任湖北省圖書館館長，西北大學、四川大學教授。存世有《古印甄》《古籀臆箋》《靜偶軒金石題跋》《明清名人印集》《錦里篆刻微存》《稺園論印絕句·印鯖》《柏風草堂題跋》《靜偶軒題畫稿》等。

易君左（1898，一作 1899～1972），學名家鉞，字君左，號意園，晚號敬齋，筆名右君、康訽父、二郎神、花蹊，空谷山人、AD，室名琴意樓，湖南漢壽人。易順鼎子。曾先後任《國民日報》主編、社長，《時事與政治》月刊社社長。1949 年在滬創辦《新週刊》，後任《星島日報》副刊主編，香港浸信會學院教授等職。1967 年 9 月舉家到臺灣定居。任臺灣銀行監察人等職。著有《中國政治史》《中國社會史》《中國文學史》《華僑詩話》《易君左遊記精選》及《君左詩選》等。

易劍泉（現代人，生卒年不詳），廣東鶴山人。作曲家。主要作品有《健全樂》《春曲》《夏曲》《秋曲》《冬曲》《乘長風》《秋千引》《月團圓》《前世如夢》等，其粵樂名作《鳥投林》深受世人喜愛。

金天羽（1874～1947），初名懋基，又名天翮，字松岑，號鶴望，別署有麒麟、愛自由者、金一等，吳江人。與陳衍、李根源等創辦國學會。家富藏書，有「天放樓」藏書，積書數楹，具體數目不詳。多有關水利、治河、營造的圖書，曾向清華大學圖書館贈書 13566 冊，2356 種，其中不乏元明善本和名家校勘之本。工於詩文，才調縱橫，其詩豪宕健爽。著有《孤根集》《天放樓詩集》《天放樓續集》《天放樓文言》《元史紀事本末補》《鶴舫中年政論》《三大儒學案》等。

金武祥（1842～1925），原名則仁，字滋生，號粟香，一號菽鄉，又號陶廬、一斤山人，別署泳鯉橋頭一釣徒，室名二百蘭亭漢晉磚齋、不廉於書之室、木蘭書屋、芙蓉江上草堂、菜香別墅、篤慎堂、粟香室，江蘇江陰人。撰有《粟香隨筆》《陶廬雜憶》《粟香室叢書》《灤江雜記》《灤江遊草》《赤溪雜誌》，輯有《表忠錄》《思忠錄》《冰泉唱和集》《江陰藝文志》等。

金祖澤（1867～1941），字硯君，晚號鈍髯，江蘇吳江人。民國期間，曾任吳江縣勸學所總董，諮議局議員，江蘇省議會秘書長。少孤，勤奮力學，15歲即補縣學生，試高等廩膳。工古文詞，為詩清麗。書法秀勁，間作篆、隸，邑中碑刻多為其書。晚年為人書扇面，輒題感事詩。著有《毅遠堂詩文集》文稿。

金梁（1878～1962），滿洲正白旗人，姓瓜爾佳氏。字息侯，又字錫侯、希侯，號東華舊史，又號小肅、東廬、瓜圃，晚號不息老人、一作一息老人，世為杭州八旗駐防，故稱杭縣人。光緒三十年進士。歷官京師大學堂提調、內城警廳知事、奉天旗務處總辦、內閣中書、奉天新民知府等，加贈少保銜。辛亥革命後任奉天省洮昌道道尹，政務廳廳長，農商部秘書。後曾為天津《大公報》撰社評。著有《東廬叢書》《東廬吟草》《瓜圃叢刊》《清宮史略》《滿洲老檔秘錄》《四朝佚聞》《近世人物志》《光宣列傳》《清帝后外紀》《辛亥殉難記（補）》《黑龍江通志綱要》等。又工書法，擅篆、籕，亦能畫。輯有《盛京故宮書畫錄》。

金曾澄（1879～1957），字湘帆，廣州人。在康有為、梁啟超維新思想的影響下，崇尚西法。1898年參與創辦廣州時敏學堂。1901年率時敏學堂幾位學生東渡日本留學。1927年籌建中央研究院。曾任中山大學校長。

金鐵芝（1893～1973），號玉道人，浙江嘉興人。為吳昌碩關門弟子。其印風、刀法與吳昌碩一脈相承。

金元憲（1906～1985），江蘇吳江人。1929年上海復旦大學畢業。歷任蘇州東吳大學、江蘇師範學院等校教授。幼承家學，善詩能文，通貫經史，博涉百家。尤擅駢文，沈博雅麗，著作有《安徽省通志》《雲南省通志》的人物志列傳，《皖志列傳》，還有《天倪子》7卷、《詩文集》14卷。

金禹民（1906～1982），滿族，姓馬佳氏，原名馬金澄，字宇民，後以金姓，改字禹民，號宜齊、西橋，別署自耕老人，齋名謙牧堂、長年館等，生於北京。善篆刻，師從壽石工，廣涉古璽漢印，擅書法篆刻，尤精印鈕雕刻，旁

及漢磚、製硯、刻碑、刻竹及瓷器、銅器鑒定。曾任中國書畫研究社顧問，有《金禹民印存》。

金子才（現代人，生卒年不詳），詩人。

金實齊（現代人，生卒年不詳），無考。

周錫恩（1852～1900），字伯晉，別號是園先生。羅田縣人。幼從張之洞學，未成年即考取秀才，深得張賞識。後就學於武昌書院。1876 年優選貢生列為第一。光緒九年（1883）進士，授翰林院編修，以其才華甚著，同湖南才子張百熙有「北周南張」之稱。

周夢虞（1865～1940），字桐崖，晚號遁庵，別號遁廬老人，福建福鼎人。編纂《福鼎縣志》（初稿）和《福鼎縣名辨訛唱和集》。

周覺（1880～1933），原名延齡，字柏年，浙江吳興人。同盟會元老。南社社員。曾任中國國民黨浙江省黨部監察委員。1926 年 5 月，任廣州國民政府監察院監察委員。1927 年 5 月，任浙江省政務委員會委員。1931 年 2 月，任國民政府監察院監察委員。

周肇祥（1880～1954），字嵩靈，號養庵，別號退翁，室名寶觚樓、婆羅花樹館，浙江紹興人。畢業於法政學校。歷任奉天警務局總辦、奉天勸業道署理鹽運使、山東鹽運使、京師員警廳總監、湖南省長、臨時參政院參政、葫蘆島商埠督辦、北京古物陳列所所長等職。其後在京主辦中國畫學研究會十餘年，為溝通中日文化美術，曾數渡日本。精鑒藏，善畫蘭，頗清雅。著有《退翁墨錄》稿，《寶觚樓金石目·雜記》稿，《婆羅花樹館藏印》《補正宋四家器刻簿》《山遊訪碑目》《東遊日記》《故都懷古詩》等。

周實（1885～1911），原名桂生，字實丹，又字劍靈，號無盡、和勁、吳勁、山陽酒徒，淮安楚州車橋鎮人。為淮上三傑之一。實丹風流自賞，和同邑棠隱女士相友善，棠隱能詩，書法東坡，慕實丹才，頗願委身，實丹亦愛棠隱婉孌多情致。可是棠隱父親貪某氏子家資富厚，貿然許配某氏子，棠隱以所適非偶，抑鬱死。實丹大慟，為棠隱作小傳，復繪《秋棠圖》，征南社社友題詠，又吟《秋海棠》絕句，前後數十首。亞子謂：「余觀實丹烈士生平，蓋纏綿悱惻多情人也。一朝見危授命，慷慨慕義，奮為鬼雄，賢者不可測，亦足為我南社光也。」南社著名詩人、散曲家，辛亥革命烈士。著有劇作《水月鴛》、北曲《清明夢》，有《無盡庵遺集》傳世。柳亞子為撰《周烈士實丹傳》，且以實丹遺像製版印於《南社叢刻》。

周越然（1885～約1946），字之彥，筆名走火，室名「言言齋」。藏書以說部及詞話為多，「說」和「詞」均屬言部，故榜名「言言齋」，浙江吳興人。南社社員。早年任職商務印書館編審室，所編《英語模範讀本》為各校所採用，銷數廣大，所得版稅極多。藏書極富，有宋元明版、中外秘笈，所藏《金瓶梅》竟多至數十種。1932年「一‧二八」之役，曾被焚古書近兩百箱，西書十幾大櫥。之後數年，又復坐擁百城。以藏書家見稱於時。著有《書書書》《生命與書籍》《書與觀念》《文學片面觀》《英美文學要略》以及各類學習英語等教科、參考書籍。散著見《學燈》《太白》《風雨談》《天地》《文友》等。

周玉翁（現代人，生卒年不詳），廣東順德人，收藏家。

周紹光（現代人，生卒年不詳），廣東番禺人。

周埜（現代人，生卒年不詳），字子野，浙江仁和人。

周玉鑴（民國時人，生卒年不詳），字圖瑞，廣東順德人。國學會耆碩。

周積芹（民國時人，生卒年不詳），字洛奇，江蘇吳江人，南社社員。

周伯龍（民國時人，生卒年無考），浙江瑞安人。

況周頤（清1859～1926），原名周儀，因避宣統帝溥儀諱，改名周頤，字夔笙，一作夔生、葵生，號蕙風，別署二雲、梅癡、櫻癡、玉棣、玉梅、玉梅詞人、新鶯、蘭雲、存悔、阮廠、阮盦、秀道人、香櫻、修梅、悔道人、凌景、菊夢、蕙風詞隱、餐櫻、餐櫻廡主人，室名蘭雲菠夢樓，一作蘭雲菱瘵樓、西廬、眉廬、香海棠館、選庵、第一生修梅花館、靜風簃、蕙風簃、蕙風宧、澹如軒、天春樓、好麗樓、憑霄閣、辨雅堂、壺山書庫、菠夢樓、餐櫻廡一，廣西臨桂人。光緒五年（1879）舉人。一生致力於詞，凡五十年，尤精於詞論。與王鵬運、朱孝臧、鄭文焯合稱「清末四大家」。著有《蕙風詞》《蕙風詞話》《詞學講義》《玉棲述雅》《餐櫻廡詞話》《歷代詞人考略》《宋人詞話》《漱玉詞箋》《選巷叢譚》《西底叢談》《蘭雲菱夢樓筆記》《蕙風簃隨筆》《蕙風簃二筆》《香東漫筆》《眉廬叢話》《餐櫻廡隨筆》等。

況維琦（現代人，生卒年不詳），字又韓，廣西桂林人，為清末四大詞人之一況周頤的長子。居上海，淵源家學，詩詞極工。兼擅繪畫，師從趙叔儒，工山水，有尺幅千里之勢。和張大千、陳運彰、吳湖帆、袁琴孫、陳來等交往密切，藝事上互相影響。

沛雷賓（民國時人，生卒年不詳），民國時廣西教育廳長。

官禕（1895～1963），字允之，廣東始興人。廣東黃埔陸軍速成學校步科、北京陸軍大學畢業。歷任北京政府中央陸軍第一師連長、中校副官，山東壽縣知事。1922 年任粵軍第一師軍士教導營教官、營長。1926 年任國民革命軍第十六師上校團長。1927 年任第八路軍教導一師少將參謀長、副師長。抗日戰爭爆發後，任第六十六軍一五九師師長，第四戰區司令部高級參議。1945 年 4 月當選第四屆國民參政會參政員。1949 年移居香港。亦善篆刻。

居曦（1869～1930），字秋海，廣東番禺人。居巢之孫，居廉侄孫。善畫，嶺南畫派傳人之一。

孟梅（現代人，生卒年不詳），字竹庵，東北熱河人，詩人。

岩竺（民國時人，生卒年不詳），畫家。

九畫：柳 柯 胡 查 封 荒 冒 侯 俞 姚 姜

柳詒徵（1880～1956），字翼謀，亦字希兆，號知非，晚年號劬堂，又號龍蟠迂叟，江蘇省鎮江人。學者、歷史學家、古典文學家、圖書館學家、書法家，中國近現代史學先驅，中國文化學的奠基人，現代儒學宗師。17 歲考中秀才，後就讀三江師範學堂。1914 年 2 月，應聘為南京高等師範學校國文、歷史教授；1925 年北上，先後執教於清華大學、北京女子大學和東北大學；1929 年重返南京，任教中央大學，並曾任南京圖書館館長、考試院委員、江蘇省參議員。以柳詒徵為「南雍雙柱」之一的南京大學，是現代儒學復興的策源地；以其為國學支柱的學衡派，成為後世新儒家的學術濫觴。

柳亞子（1887～1958），乳名慰寶，幼名禪兒，字景，後自改字安如，改名人權，號亞盧，亦作亞廬，又稱亞子，自號棄疾，又署棄疾子、柳棄疾、柳棄疾安如，又取號稼軒，又取筆名青兕，又稱前身青兕。別署筆名中國少年之少年、俠少年、虛無、憤民、漢種之中一漢種、慧依、慧儂女士、秣陵悲秋客、分湖舊隱、酒社長、麗君侍史、靈芬別館舊主、磨劍室主、李（列）寧私淑弟子、唐隱芝、唐引之、南父、南明遺民、化龍隱士、春蠶、春蠶居士、柳春蠶、活埋庵主人、魯速、尚左生、柯土汀斯基、Y・T、革命軍的馬前卒、及時雨宋江、南社子、柳七、夏寅，室名磨劍室、更生齋、靈芬別館、笑隱樓、樂天盧、樂天府、鷗夢圓簃、禮蓉招桂（之）盦、活埋庵、羿僂、榕齋、上天下地之盧，江蘇吳江人。16 歲中秀才。此後，加入中國教育會、愛國學社、中國同盟會、光復會，與陳巢南、高天梅等組織南社，數任社長，主要從事南社領導

工作，編輯出版《南社叢刻》。1923 年組織新南社。次年加入改組後的國民黨，歷任監察委員等職。1927 年以後，主要從事反對蔣介石的民主革命活動及抗日救亡運動。曾任上海通志館館長等職。抗日時期參加中國民主同盟，勝利後與李濟深等發起成立中國國民黨革命委員會。著有《乘桴集》《鈕鳳生詩敍》《磨劍室隨筆》《更生齋隨筆》《禮蓉招桂盦綴》《羿搜文集·日札·年譜》《榕齋讀書記》《懷舊集》《南社紀略》《柳亞子詩詞集》等，輯有《南社叢選·詩集》《太一遺書》等。

柯逢時（？～1912 在世），字遜庵，一字巽庵，又號懋修、翼庵，湖北武昌人。光緒九年（1883）進士。歷任兩淮鹽運使、江西按察使、湖南布政使、廣西巡撫。1905 年調任戶部右侍郎，兼土藥統稅大臣，督辦統稅事宜，直到清帝退位。熱心於校刻醫書，與繆荃孫、楊守敬等過往甚密。設武昌柯氏醫學館，收學生四十餘名，其中數人曾參與校勘醫籍。自 1904 年起，至 1912 年，歷時八載，陸續刻成《武昌醫學館叢書》八種，即《經史證類大觀本草》《大觀本草劄記》（自撰）、《本草衍義》《傷寒論》《傷寒總病論》《類證增注傷寒百問歌》《傷寒補亡論》及《活幼心書》等。又主修《武昌縣志》。

胡曼（1869？～1929），字漢秋，號洞雪，又號漢頑、老漢、曼未、漢老、漢廬，室名橋西草堂，廣東順德人，一說番禺人。幼年即有神童之譽，與詩人潘飛聲、畫人伍德彝遊。偶賦古詩，清朗可誦，有《橋西草堂詩集》。治印從柯有榛，專攻浙派，以橄欖核刻印極精。輯《漢秋印存》《漢廬印存》。

胡思敬（1870～1922），字漱唐，一字瘦唐，又作瘦塘，號瘦篁、退廬，別號退廬居士，室名問影樓，又號問影樓主，江西新昌人。光緒二十一年進士，授吏部主事。宣統間官遼東道監察御史，轉廣東道。張勳復辟時，授為都察院副都御史。藏書甚富，輯有《退廬全集》、《問影樓輿地叢書》1 集、《藏書目錄初稿》、《豫章叢書》164 種，其中自編有《九宋人集》《明人小史八種》《元二大家集》等，自撰《四照堂詩文集校勘記》等 50 餘種。

胡韞玉（1878～1947），本名有忭，學名韞玉，字仲明、仲民、頌明，號樸安、半邊翁，安徽涇縣溪頭村人。古文字學家、訓詁學家、藏書家、南社詩人。曾任《民國日報社》社長、《上海正論社》社長、上海通志館館長等職。

胡漢民（1879～1936），原名衍鸛，改名衍鴻，字展堂，筆名漢民、嶺南漢民、去非、民意、胡去非、記者，化名陳同、陳同榮，室名不匱室，自號不匱室主，廣東番禺人。早年肄業菊坡書院等，舉人。曾任《嶺海報》記者，1902

年東渡日本，入弘文學院師範科及法政大學。為同盟會籌建人之一。1907 年隨孫中山去河內設立革命機關，參與策動西南革命諸役。失敗後走新加坡，主持《中興日報》，任香港南方總支部長。廣州新軍起義、黃花崗諸役均親與其事。武昌首義，廣東光復後，出任都督。孫中山就任臨時大總統後，他辭職北上，任總統府秘書長。袁世凱篡權後，回廣東復任都督。二次革命失敗後，隨孫中山亡命日本，組織中華革命黨，任政治部長，主編《民國》雜誌。1916 年回滬，協助陳其美反袁。1917 年參加護法政府，任交通部長。1921 年任非常大總統總參議。1924 年當選國民黨代表大會第一屆中執委。孫中山督師北伐，留守廣州，代行大元帥職權兼廣東省長。孫中山逝世後一度被拘留。1935 年國民黨五屆一中全會，仍當選為中央常務委員會主席。著有《不匱室詩鈔》《中國哲學史之唯物的研究》《三民主義之連環性》，譯有《產業革命時代社會主義史》《馬克思時代社會主義史》《社會主義史》等。

胡毅生（1883～1957），名毅，以字行，號隋齋、飛卿，室名絕塵想室，早歲先後就學於廣雅書院及兩廣大學堂，復赴日留學。辛亥廣州起義，臨陣脫逃。廣東光復，任軍務處長（其堂兄胡漢民任都督）。1939 年任國民政府委員。1948 年任總統府顧問。1951 年自港去臺。擅長書法，為當代名家。有《絕塵想室詩草》行世。

胡佩衡（1892～1965），原名衡，又名錫銓，以字行，號冷庵，河北涿縣人。工畫山水，蒼茫深秀，取法「四王」並上溯吳鎮、黃公望及王蒙等。對王翬研究頗深。著有《王石谷畫法決微》《山水入門》《課徒畫稿》《我怎樣畫山水》《畫筆叢談》《冷庵畫詣》《王石谷惲南田》《桂林山水寫生》等。

胡退處（清末人，生卒年不詳），退廬，江西人，光宣間為御史，有直聲。

胡眉仙（民國時人，生卒年不詳），詩人，先後參加金陵清溪詩社和北京稊園詩社。

胡熊鍔（民國時人，生卒年不詳），字伯孝，廣東順德人。詩人，南社社員。

胡肇椿（民國時人，生卒年不詳），翻譯家，為上海博物館首任館長。譯著有《古玉概說》《古物之修復與保存》《考古發掘方法論》《英國文化史》等。

胡少蘧（民國時人，生卒年不詳），字景瑗，與鄧爾雅、張雲飛同為廣東國畫研究會香港分會成員。胡氏經營的陶園酒家是香港諸多文藝團體雅集場所，故與諸多藝文界人士頗有過從。

查燕緒（現 1843～1917），字翼甫，號檻亭。其先為浙江海寧袁花人，居於江蘇蘇州。藏書家。咸豐庚申（1860）之亂，他避亂遷徙至武昌，拜張裕釗為師，後被聘為纂修《湖北通志》。

封祝祁（1876～1959）字鶴君，別字檗庵。廣西容縣人，詩人。

荒浪煙崖（現代人，生卒年不詳），日本漢詩人。

前川研堂（現代人，生卒年不詳），日本漢詩人。

冒伯啟（現 1863～1945），詩人，江蘇如皋人。

冒廣生（1873～1959），字鶴汀，一作鶴江，號疚齋、疚翁、小三吾亭長，晚號水繪庵老人，別署松齡、甌隱、鈍宦，小名阿靈，室名小三吾亭、絳雲樓、溫語樓、紅鶴山房、書鈔閣，江蘇如皋人。明末四公子之一冒辟疆後人。光緒二十年舉人，歷官刑部、農工商部郎中，賞加四品京銜。入民國，歷任財政部顧問，甌海關監督兼溫州交涉員，鎮江關監督兼鎮江交涉員，又任《廣東通志》總纂。抗戰前任中山大學教授。少從外祖周星詒治經史、目錄、校勘之學。著有《疚齋雜劇》《小三吾亭詩・詞・文集》《京氏易三種》《大戴禮義證》《管子校注長編》《蒙古源流年表》《吐蕃世系表》《四聲鉤沉》等。編有《冒氏叢書》《楚州叢書》《永嘉詩人祠堂叢刻》《永嘉高僧碑傳集》等。

侯鴻鑒（1872～1961），字葆三，一作保三，乳名小春，號夢獅，又號病驥，晚年自稱病驥老人，別署侯公子、驥史、汗漫生等，室名滄一堂、藏經閣、百一樓，江蘇無錫人，出身貧寒，幼時家中受溫飽問題困擾，常常只能用鹽拌豆滓當菜吃。5 歲入私塾，14 歲讀完四書五經，16 歲起就以授徒、賣文糊口。17 歲時，在無錫西溪結詩文社，因憤恨慈禧荒淫無道，酒後作譏刺詩《落花篇》，一時傳為美談，同輩稱其為「侯落花」。1902 年留學日本，入弘文學院師範科。回國後，創辦競志女學校、模範小學、速成師範、商業半日學校。又歷任竣實校長，南菁學監，蠶業校長，江蘇、江西各省視學，河南第一師範講師，集美學校校長，福建教育廳秘書，上海致用大學校長等職。又創設無錫縣立圖書館、競志圖書館、福建省立圖書館。又先後應奉天、天津諸校之聘，更遊歷南洋各地。早年加入南社。著有《滄一堂詩文鈔》《藏經閣詩鈔》《病驥癸亥旅行記》《病驥五十無量劫反省詩》《古今圖書館考略》《無錫圖書館先哲藏書考》《錫山先哲叢刊》《塞外紀遊》《西秦旅行記》《東三省旅行記》《南洋旅行記》《環球旅行記》《稽古旅行記》《單級教授法講義》《七個學年單級教授法》及《解放詩鈔》等。

　　俞樾（1821～1907），字蔭甫，號曲園、春在堂，晚號曲園居士、曲園老人，又署曲園叟、曲園波、茶香室說經老人，室名右臺仙館，自號右臺仙館主人，又有達齋、樂知堂、好學為福齋、春在堂、俞樓、認春軒、茶香室、第一樓、湖樓、鶴園，別稱德清太史，自稱海內翰林第二，浙江德清人。道光三十年進士。歷任編修、河南學政。以事罷官，僑居蘇州。終身從事著述和講學。先後主講蘇州紫陽書院、上海求志書院。同治七年（1868）起，主講杭州詁經精舍，達 30 餘年之久，至 79 歲辭去。從學者人才輩出，如章太炎、吳昌碩等皆是。講學期間一度總辦浙江書局，精刻子書 20 餘種，海內稱為善本。為學訓詁主漢，義理主宋，為一代經學宗師，所著極富，有《曲園雜纂》《右臺仙館筆記》《達齋詩說》《俞樓雜纂》《茶香室叢鈔・經說》《第一樓叢書》《湖樓筆談》，編入《春在堂全書》計 160 餘種，另有《薈蕞編》《郵》《俞曲園先生日記殘稿》以及編《東瀛詩選》、《上海求志書院課集》、《詁經精舍》三至八集等。

　　俞錫疇（1863～1944 年後），字壽田，安徽鳳陽人。清末舉人，精於古籍版本及印譜研究。

　　俞同奎（1876～1962），字星樞，浙江省湖州市人。化學教育家，中國化學教育的開拓者，中國化學會歐洲支會的發起人和組織者之一。多年致力於高等教育事業，為我國大學化學教育奠定了基礎，並為中國古代建築的修整事業做出貢獻。

　　俞可師（1884～1945），字憩園，又字企韓，號啟漢，江蘇常熟人。詩人。清末拔貢。早年執教常熟中西學堂、競化女校、市立女校十餘年，並協助夫人宗秀松創建市立女校。1913 至 1927 年間，先後被選任海虞市議會第二屆議長、縣農會會長、商會董事、縣署實業科長等職。曾設立農事試驗場，普及農技知識。1915 年為首屆民營常熟電氣公司董事，任公司經理，後兼任江蘇省電業聯合會執監會委員等。

　　俞鍔（1886～1936），原名側，字劍華、一粟等，江蘇太倉人。1902 年留學日本，在日本加入中國同盟會。孫中山任臨時大總統時，曾任臨時政府秘書。歷任福建省圖書館館長、教育局長、暨南大學南京分校文史系教授等職。有《中國民族史》《南社俞劍華先生詩文集》《蜃景詞選》《婁東俞劍華詩詞選》等著作。

　　俞鬒遺（民國時人，生卒年不詳），詩人。

俞梧生（現代人，生卒年不詳），字鳳翽，1943 年出版《燕京壇廟沿革考》。

姚勁秋（現代人，約 1937 年前後在世），名洪淦，字滌源，一字心僧。浙江吳興人。清光緒十七年（1891）舉人。家資豐饒，世業典當，曾任江蘇典業會會長。善製謎，詩人。

姚華華（1876～1930），一名芒，字一鄂，又字重光，號茫父，別署老芒、芒芒父、茫茫父、篆猗、蓮華庵主、蓮花龕主、磚墨館主，室名篆猗室、蓮花盦、弗堂、何陋軒，貴州貴築人。光緒三十年進士，留學日本。先後教授於五城學堂、清華學堂。官郵傳部主事。入民國後，被選為參議院議員，歷任北京女子師範校長、朝陽大學教授。34 歲開始治曲。後嗜金石書畫，凡山水、花卉，篆隸真行，皆為時所重。於詩文詞曲、碑版古器及考據音韻，亦無不精通。晚年以鬻書賣畫為生。著有《篆猗曲話》《曲海一勺》《弗堂類稿》等。

姚粟若（1878～1939），名禮修，號百佛庵主。廣東番禺人。早年留學日本東京法政大學。擅畫山水、花鳥。1923 年與盧振寰、潘至中、黃般若、鄧湧先等 14 人組癸亥合作社，組織兩次國畫展覽會。民國十四年 4 月改為廣東國畫研究會。

姚石子（1891～1945），字鳳石，號石子，江蘇金山人。辛亥革命後加入南社，並為該社負責人之一。在金山創辦學校、圖書館、育嬰堂和各種社會福利事業。善詩歌，喜藏書，尤留意鄉邦文獻，輯刊有《金山藝文志》《金山文徵》《金山詩徵》《松江郡人遺詩》；編有《顧千里年譜》《姚氏遺書志》《雲間兩河君集》《王西門雜記》等數種。藏書中秘本、抄校本甚多，不乏海內珍本孤本，如崇禎本《松江府志》，為海內孤本。康熙本《吳江縣志》，乾隆原刻本《震澤志》《清秘閣誌》為手抄本，《印林閑詁》是蔡哲夫手稿本，抄校本達 300 餘種。藏書處有自在室、懷舊樓、復廬、倚劍吹簫樓、棣華香館、松韻草堂等。著《復廬文稿》《倚劍吹簫樓詩集》《自在室讀書隨筆》《浮海草》《荒江樵唱》等。中華人民共和國成立後，其子昆田、昆群將遺書凡四萬餘冊，捐獻上海市文物保管會。其中頗多金石碑版圖錄，及珍稀的善本和孤本。

姚得賜（民國時人，生卒年不詳），書法家，詩人。

姜可生（1893～1959），又名侖，字君西。一字俊兮，號杏癡、杏淚，別號不自生生，別署海棠、阿棠、慧禪、慧矩諸名，江蘇丹陽縣人，南社社員。詩人、作家、報人。

十畫：馬 秦 袁 莫 夏 畢 郭 唐 高 宣 容 倪 徐 殷 翁 奚 陳 陸 陶 孫

馬衡（1881～1955），字叔平，別署無咎，室名凡將齋，自號凡將齋主人，人稱馬凡將，浙江鄞縣人。1925年起，長期供職故宮博物院，先後任理事、副館長等職。新中國成立後，任文物整理委員會主任委員。善書、工篆刻。編有《漢石經集存》《凡將齋金石論叢》《印存》等。

馬駿聲（1889～？），字小進，號退之，別署夢寄、不進、臺山少年，室名冰天躍馬廬、孟晉居、夢寄樓，廣東臺山人。讀書於美國哥倫比亞大學和紐約大學。歷任眾議院議員、大總統府秘書、財政秘書、財政部秘書、廣東大元帥府參事、廣東督軍署參議、香港華僑學院中文系主任、廣州大學教授。南社社員。為人風流倜儻，他雖是粵人，卻能作吳儂軟語，人問他：「你是否飲過七里山塘水？」他笑而不答。著作甚富，均有其特點。詩集《鴉聲集》自序曰：「我聞古有鴉經，以占吉凶。南人喜鵲惡鴉，北人喜鴉惡鵲，我之以鴉聲名集者，非欲以此占世俗之吉凶，亦非欲以此博北人之歡喜，蓋當我斗室孤吟，閉門索句時，其相與聞問者，惟簷前之烏鴉而已。且我所作詩，寄思元端，鬱伊不釋，悲歡喜怒，純任自然，弗事雕琢，大有似乎鴉聲也。」《嶺海珍聞》，記錄師友談論粵東掌故，又從典籍中摭取南越記載而成。集朋好所貽手劄，名《飛花片屍錄》。又有《金陵覽古記》《知神隨筆》《世界文學論》等。

馬公愚（1890～1969），本名範，字公禺，後以禺字較僻，遂於禺下加心焉。晚號冷翁，別署畊石簃主，浙江永嘉人。其家自乾嘉以來，世代以藝事馳譽。幼承家學，工詩文，擅書畫篆刻，有藝苑全才之一目，與其兄孟容一時競爽。1921年創辦永嘉啟明女學，1914年設東甌美術會，1929年與兄孟容等主辦中國藝術專門學校，復任兩中學董事長，及上海美術會理事、中國畫會理事。其書篆隸真草並有時名。篆得力於秦公簋、秦詔版；隸融會張遷、史晨二碑碣，雍容渾厚。有《書法講話》《書法史》《公愚印譜》《畊石簃雜著》《畊石簃墨痕》等。

馬文輝（民國時人，生卒年不詳），詩人。

馬鋤經（民國時人，生卒年不詳），原名馬復，又名武仲，廣東順德人，曾為當時主粵政者徐固卿、胡漢民任秘書，多所贊襄，擅作詩詞，長於書畫，精於鑒賞，富於收藏。著有《媚秋堂詩》。時人鄧又同文《西關話舊》記曰：「寶源中約有馬賓甫之心太平堂，每年春節前將堂名紅箋更換，馬氏兄弟三

人，均為風雅之士。賓甫行三，好收購小件書畫文玩，玩罷亦沽之，有買有賣，
所藏書畫，蓋上『暫得於己』四字印章，道其實也。其二兄名復，字武仲，住
觀音大巷即今之大同路，所居榜於門首曰『馬晚聞堂』。武仲頗富有，交遊甚
廣，有家廚頗負時譽，常在家中宴客，武仲又富藏書畫古瓷，擺設在家中廳堂，
客有愛好者，亦可商議割愛，風雅名士也。」

秦錫圭（1864～1924），字鎮谷，號介侯，別署見齋。山西陳行人。光緒
二十一年（1895）進士，授翰林院庶吉士。民國二年，被江蘇省參議會選為中
華民國第一屆國會參議會議員。十餘年賓士南北，不改初衷。1916 年出席黎
元洪召開的國會。不久，張勳逼黎元洪解散國會，先後去廣東出席「非常會
議」和「制憲會議」。1922 年，國會恢復，仍為議員，獲二等大綬勳章。南社
社員。中年而後，學問尤進，喜金石書畫，善別碑版。與錫田合校《晉書》，
撰有《補〈晉書〉執政表、方鎮表》各二卷，輯入開明書店版《二十五史補編》；
《晉宣、景、文三王年表》一卷。有《西征草》《粵遊草》詩集及《見齋詩文
集》《受川公牘》等著作。

袁勵准（1875～1936，一作 1877～1935），字玨生，號中州，河北宛平人。
光緒二十四年進士。歷任編修、京師大學堂提調、工業學堂監督、南書房行走、
侍講、清史館纂修。後任輔仁大學教授。精鑒賞，以藏墨馳名於世。工書，能
詩。著有《中州墨錄》3 卷，刊於陶湘《涉園墨萃》。

袁伯禎（1885～1956），字子垣，號儷宣，河南項城人。係袁世凱長女，
二姨太吳氏所生。前清兩江總督張人駿第五子張允亮妻子。係張愛玲的堂嫂。

袁克文（1889～1931），小名招兒，名克文，字豹，又字豹岑、抱存，號
寒雲、萬壽室主、龜厂主人、龜盦等，筆名褒存、褒公、抱公、燕環、寶燕、
佩佩、寒雲子，室名寒廬、佩雙印館、萬壽室，後百宋一廛（以藏宋刊珍本古
籍而號），河南項城人。袁世凱次子，生母朝鮮李王妃之妹金氏，為袁之三姨
太。長於詩文，工於書法，致力古錢幣研究。曾為上海《晶報》主筆，並連載
《辛丙秘苑》等（係記述袁家情況之文）。又入「青幫」，並耗資，充當上「大
字輩老頭子」。撰有《洹上私乘》《辛丙秘苑》《寒雲手寫所藏宋本提要廿九種》
《古錢隨筆》《寒雲詞集》《寒雲詩集》《圭塘唱和詩》等。

袁天庚（現代人，生卒年不詳），字夢白，耳聾，因號無耳尊者，室名八
百里湖荷花詞館，浙江會稽人。為南社畫人之一。程雪樓視軍黑龍江，聘為軍
署顧問，為外省之有顧問的開始。民國後，徐世昌督奉，曾保為縣令，不受。

人問其故，他說：「宦海浮沉，非我所樂，願以幕養貧，不願以官致富。」和裴伯謙、景樸孫相友善，對於書畫典籍，相互研討，凡盛京大內所藏及寧波天一閣、上虞王氏天香樓、裴氏壯陶閣、景氏小如庵秘笈文物，大小不下萬餘件，都經他目賞，因此鑒別特精。作畫益超逸道上，不同尋常。

袁丕鈞（民國時人，生卒年不詳），雲南人，北京大學畢業。曾任教雲南高等師範學校，1917 年仿效《新青年》雜誌，在昆明創辦《尚志》雜誌。

莫耀（民國時人，生卒年不詳），廣東人，善篆刻。

莫慧劍（現代人，生卒年不詳），文字學家。

莫漢鶴（民國時人，生卒年不詳），蔡守之友，餘不詳。

夏敬觀（1875～1953），字劍丞，一作鑒丞，又字盋人，緘齋，晚號映盦，亦署映庵，又署映广，別署玄修、牛鄰叟，室名窈窕釋迦室、忍古樓，江西新建人。早歲中鄉試，應禮部試不售，遂從皮錫瑞遊。後入張之洞幕府，辦兩江師範學堂，任復旦和中國公學監督。1909 年棄官。1916 年任涵芬樓撰述。1919 年任浙江省教育廳長。1924 年辭職居滬，著書以終。早年以詩詞名播南北，晚年專攻山水，兼及花鳥。有《忍古樓詩集・詞話》《詞調溯源》《古音通轉例證》，輯《涵芬樓景印宋人小說》等。

夏宜滋（1891～1940），字自怡，一作宜之，別署自怡散人、印泥之皇、泥皇、泥翁、晚甘侯，室名泥皇閣、寶惠麓齋。江蘇儀征人。馮蒿叟弟子。性嗜金石，所藏二漢六朝碑銘甚富。考察既精，臨寫殆遍，用筆高古。喜好精製印泥，創製藕絲印泥，在「八寶印泥」基礎上再加上藕絲，使印泥能年久而色益鮮。又精外科醫術，抗戰期間病歿上海。著有《工餘談藝》等。

畢朝釐（民國時人，生卒年不詳），民國時山東大學教授，南社社員。

郭似塤（1867～1935），字友柏，號季人、季尊、季蓴，別署平廬。浙江嘉興人。其父郭照擅畫花卉，與同鄉張熊善，作畫受其影響較大。塤傳家學，人物、花卉，皆能為之。兼及篆刻，頗自矜貴，不輕奏刀。

郭葆昌（1879～1942），字世五，號觶齋，室名愛吾廬，河北定興人。宣統間為順德府京吏。辛亥革命後追隨袁世凱，籌畫實業。1914 年任江西九江關監督，兼景德鎮陶務監督。1923 年任財政部印製局會辦。次年被舉為故宮博物院委員。性喜陶瓷、書畫，對陶瓷器深有研究，校印《項子京瓷器圖譜》及《李明仲營造法式》，著有《觶齋書畫錄》殘稿、《故宮辨琴記》、《瓷乘》等。

郭東史（1884～1947），字希隗，晚號棗園，著述又常以「丹羽山館」署名，湖南澧州人。17 歲時由澧陽書院薦入嶽麓書院，受業於王先謙、王闓運等名師。兩年後，回鄉闢丹羽山館，治經史之學。同盟會會員，南社社員。1931年東渡日本，供職留學生監事秘書、中國文學會會長、太平洋學會成員。入明治大學，研究法律學。時與周樹人、丁玲、郭沫若、謝冰心等人交往甚密，曾印發《丹羽山館詩選》相贈旅日諸友。

郭則澐（1886～1940前後），字嘯麓，一作嘯簏、子厂，號蟄雲，福建侯官人。光緒二十九年進士。官浙江溫處道，政事堂參事。後任銓敘局局長、國務院秘書長、僑務局總裁。抗日時期為鐵路學院名譽校董。著有《十朝詩》《清詞玉屑》《靈洞小志》《舊德述聞》《紅樓真夢》（亦名《石頭補記》）、《庚子詩鑒》《閩侯郭氏家集》《龍顧山房全集》等。

郭仲達（1887～1945），名雍南，江蘇如皋人。自幼聰慧，兼得名師教誨，17 歲時即中秀才。20 多歲即以詩詞、書法聞名於鄉里。家中有初遁園，遍植奇花異卉，收羅古籍、字畫。春秋佳日，常邀集知交好友作文酒之會，臨花賦詩，對月舉觴；有時倚紅偎翠，品竹調絲。有《意秋亭詩草》刊行。

郭蘭枝（1887～1935），字起庭、屺亭，號素庵、恕庵。浙江嘉興人。郭似壎仲子。善翰墨，能詩詞，精篆刻。得上海收藏家龐元濟賞識，延至龐氏虛齋十年，飽覽所藏歷代名跡，模古幾可亂真。1926 年與其兄蘭祥同入古歡今雨社，與錢瘦鐵、王一亭、童大年等相切磋。所作山水畫，筆力雄渾厚實。

郭竹書（現代人，生卒年不詳），詩人。

唐文治（1865～1954），字穎侯，號蔚芝，一作蔚之，別號茹經、茹經老人，室名茹經堂，江蘇太倉人。光緒十八年（1892）進士，官至農工商部侍郎兼署理尚書。後退出政壇，潛心從事教育事業。曾任上海高等實業學堂及郵傳部高等商船學堂（大連海事大學、上海海事大學前身）監督（校長），創辦私立無錫中學（無錫市第三高級中學前身）及無錫國專（蘇州大學前身）。著有《茹經堂文集》《十三經提綱》《周易消息大義》《尚書大義》《性理學大義》《國文經緯貫通大義》《茹經先生自訂年譜》等。

唐恩溥（1881～1961），原名兆溥，字啟湛，別字天如，廣東新會人。光緒二十九年（1903）舉人。27 歲於兩廣工業學堂教授國文，歷任清史館纂修，吳佩孚秘書長。後退隱香江，以文章道德名世，遊於當代賢達。契合者有梁啟超、黃節、羅惇曧、曾習經、朱汝珍、江霞公、黃賓虹、湯定之、蔣百里、陳

叔通、張子武、熊十力諸公。著有《文章學》，精醫理，以古文辭自見。黃節有《十一月十四日圍山懷唐天如詩》，詩曰：「望遠登高一意淒，塞鴻南盡日矬西。蕩為天下蕭條氣，不辨風前格磔啼。獨往冒寒園寂寂，同遊憶昨汝棲棲。於征何補傷亡歎，空使秋墳唱錦題。」

唐醉石（1885～1969），原名源鄴，字李侯、蒲傭，號醉龍、醉農、韭園、醉石、醉石山農、印匠、休景齋，湖南長沙人。幼隨外祖父謀生於杭州。博古多識，秦漢碑碣一入其目，真偽立判。善畫。工書法，篆書得力於兩周金石及秦刻石，隸書融會諸漢碑之長，書風靜穆古雅。精篆刻，宗秦、漢，受西泠八家影響頗深。存世有《醉石山農印稿》。

唐祖培（1898～？），原名貽孫，字季申，筆名唐園，號節公，湖北咸寧人。1923年畢業於武昌中華大學中國哲學系，曾任西北大學、山西大學教授，後去臺灣，任教於東吳大學等校。著有《民國名人傳》《李北海全書》《新方志學》等。

唐椿森（清末人，生卒年不詳），原名錫瓊。光緒二年（1876）進士。曾任江南道監察御史。校刻《清馥齋詩草》一卷、《續草》一卷。

唐炯（清末人，生卒年不詳），曾任雲南布政使，唐炯所率軍隊在抗法戰爭中配合不力，打了敗仗。唐炯軍逃走，使黑旗軍寡不敵眾而遭到失敗。唐被撤職查辦。

唐病虹（現代人，生卒年不詳），詩人，江蘇常熟人。

高釗中（1833～1907），字勉之，號竹臣，項城人。光緒二年（1876）進士，賜翰林院庶吉士，歷任散館編修、國史館協修、提督湖北學政、充功臣館纂修、上書房行走、提督雲南學政，累升侍講轉待讀，加封四品。曾為光緒師傅。善書法，初學顏魯公，為應試改館閣體，其後書法書體多變。著有《竹臣詩文集》《消寒遊藝》。

高鴻裁（1852～1918），字翰生，一作瀚生，室名上陶室（堂），一作上匋室、退耕堂，山東濰縣人。著有《上匋室磚瓦文捃》，輯有《古印偶存》《齊魯古印捃續》一卷。

高田忠周（1861～1946），字士信、竹山，號未央學人，齋號說文樓，日本東京人。明治十七年（1884）就職內閣印刷局（朝陽閣），致力於說文學研究。泰東書道院學術顧問、大東文化大學名譽教授。著有《古籀篇》一百卷，《補遺》十卷，《朝陽閣字鑒》《漢字詳解》等。

　　高旭（1877～1925），原名垕，又名堪，更名旭，字天梅，又字劍公、慧雲，又署慧雪、慧子，號江南快劍，後號鈍劍，別署漢劍、枕梅、壽黃、師姜、哀蟬、變雅愛祖國者、未濟廬主，自稱江南第一詩人，人稱天子，江蘇金山人。托名平達開偽作石達開遺詩，慷慨激昂，其中名句：「只覺蒼天方憒憒，莫憑赤手拯元元。」「我志未酬人亦裔，東南到處有啼痕。」曾經傳誦一時，起到推動革命的作用。該書於 1906 年刊出後，梁啟超《飲冰室詩話》也將它作為石的遺作而極力稱讚。直到抗日時期，柳亞子在香港撰文說明為高所作，才被世人知曉。早年留學日本，畢業於東京法政大學。1906 年歸國後，先後編輯《覺民》《醒獅》《復報》等刊物，並在上海創辦健行公學及欽明女學，倡言革命，提倡女權和女子教育，曾任中國同盟會江蘇分會會長，發起組織南社。辛亥革命後，當選為眾議院議員。

　　高時顯（1878～1952），字欣木，號野侯，又號可庵。浙江杭縣人。光緒二十九年（1903）舉人，曾官內閣中書。1913 年參加中華書局籌創工作，任常務董事兼美術部主任。主持輯校《四部備要》，影印《古今圖書集成》等重要典籍。中華書局所影印之書畫名跡，皆出其審閱鑒定。工詩文，擅書畫篆刻。有《方寸鐵齋印存》。

　　高燮（1879～1958），字時若、慈石，別號吹萬居士，晚署葩翁、葩叟、退密老人、退密翁，江蘇金山人。南社耆宿。早年即有攘滿興漢思想，曾力主太平天國的洪秀全在《清史》中宜列入本紀。結寒隱社（南社前身），主持商兌學會。任古物保管委員會金山支部會委員、金山縣修志總纂、張堰圖書館董事。藏書極富，達數十萬卷，多為杭州抱經堂舊藏。抗戰時，除《詩經》外，藏書與山莊同付劫，嗣避居上海。新中國成立後，將所藏《詩經》數百種獻與國家，由上海復旦大學圖書館保存，後由復旦中文系舉行《詩經》展覽會。著有《國學叢選》《黃華集》《傷曇錄》《哀思錄》《吹萬樓日記》等。《詩經目錄》《讀詩剳記》《莊子通釋》《庚戌金陵遊記》《感舊漫錄》《思治集》《憤悱錄》等，輯有《國學叢選》、《詩經大義》、《素心移集》（顧香遠遺著）、《吳日千集》、《金山邑志》等。亦善書，學顏真卿。夫人顧葆璿，子君介，侄天梅，甥姚光，均南社社員。

　　高時敷（1886～1976），字繹求，號絡園，別署弌虬，齋名有樂只室、石芝山房、二十三舉齋、二鐙精舍、兩漢鏡齋、長生草堂等，浙江杭州人。與兄時豐（字魚占，號存道）、時顯（字欣木，號野侯），俱富收藏、精鑒賞，

尤以古璽印及明清諸印家精品著於時。長於書畫篆刻而名重藝林。於繪事篆刻皆精擅。輯成《二十三舉齋印攟》《樂只室古璽印存》，以《丁丑劫餘印存》著於世。

高穩禽（民國時人，生卒年不詳），與鄧爾疋友善。

高忠業（民國時人，生卒年不詳），廣東潮陽人，善刻橄欖核與製錫器。

高遜（現代人，生卒年不詳），字遜吾，四川成都人。

高鳳年（近代人，生卒年不詳），女詞人，篆刻家。

高蔚如（現代人，生卒年不詳），錢幣收藏家，出版有《癖泉臆說》六卷，清宣統三年（1911）上海商務印書館石印版。

高潛子（現代人，生卒年不詳），同光時期翰林院編修，詩人，書畫家，有《潛公手稿》。

高燕如（現代人，生卒年不詳），民國時期廣東收藏家，曾藏有王石谷與惲南田的《王惲合璧冊》，30 年代參與由葉恭綽、傅秉常、李宗仁夫婦和高奇峰及其女弟子張坤儀組成「五五」旅行團。1936 年底又與黃君璧同遊北平十三陵。與政界、畫壇名人多有往來。

高琴（民國時人，生卒年不詳），字八隱，澄海人。收藏家。

宣哲（現 1866，一作 1873～1942 一作 1943），字古愚，號愚公，別號人哲，簡署哲，又署子野、黃葉翁，室名桑靈直縠齋，江蘇高郵人。鑒賞收藏家。曾與黃賓虹結貞社，各出金石、書、畫，以相玩賞。善寫山水，亦能詞。著有《寸灰集》。

容庚（1894～1983），又名容肇庚，字希白，號頌齋，室名五千卷金石書室、寶蘊樓、善齋、伏廬，廣東東莞人。早歲從舅氏鄧爾雅習小學，篆刻。中學畢業後，任東莞中學教員，講文字源流。課餘成《金文編》初稿，進京晉謁羅振玉，深得賞識，遂被薦入北京大學研究所國學門深造。1926 年畢業後，歷任燕京大學、北京大學、清華大學教授，以及故宮博物院專門委員等職，並與董作賓等人組織考古學社。「九一八」事變後，在燕大組織廣東同鄉學生救國會，後又擔任燕京大學教職員工抗日委員會主席。1946 年任嶺南大學教授，任中山大學教授。著有《頌齋吉金圖錄》《頌齋讀書筆記》《善齋彝器圖錄》《伏廬書畫像錄》《金文編》《金文續編》《商周彝器通考》《海外吉金圖錄》等。又：容賡白，據《室名別號索引》，無「寶蘊樓　容賡白」條。容賡白，無考。待查，容庚有《寶蘊樓彝器圖錄》。

　　容肇祖（1897～1994），字元胎，出生之時，正是其祖父去世之日，因而名為念祖，後改肇祖，廣東東莞人。1921 年廣東高等師範畢業。1926 年又結業於北京大學。歷任廈門大學、中山大學、嶺南大學、輔仁大學、北京大學講師、副教授、教授。其間曾編輯中山大學《民俗》週刊。1952 年由北大調任北京市文教委員會文物組研究員。1956 年後，轉任中國社會科學院哲學所研究員。著有《迷信與傳說》《中國文學史大綱》《韓非子考證》《魏晉的自然主義》《李卓吾評傳》《先秦法家》《李贄年譜》《王安石老子注輯本》等。

　　倪映典（1885～1910），字炳章，曾改名端、培之，安徽合肥人。幼隨父業醫。1904 年考入安徽武備學堂。次年加入岳王會。後至南京，入江南陸師學堂炮兵科。畢業後分發江南炮營任職。參加同盟會。1908 年調安徽，任騎兵營管帶，與熊成基共謀起義，因機密暴露，避走廣東，任新軍炮兵排長。與黃興等籌畫起義，被推為總司令。1910 年 2 月率新軍在廣州起義，遭清軍鎮壓，中彈犧牲。

　　徐桐（1820～1900），字豫如，號蔭軒，室名通介堂，漢軍正藍旗人。道光三十年進士。咸豐間為翰林院檢討、實錄館協修，編纂《文宗實錄》。同治初，為同治宗師傅。歷任太常寺卿、左都副御史、內閣學士、禮部右侍郎。光緒間歷官禮部、吏部尚書、協辦大學士、體仁閣大學士，並數任會試考官。竭力反對康梁變法，戊戌政變後，力攻新黨，竭力支持慈禧太后廢光緒帝，立溥儁為大阿哥，並被命為溥儁之師傅。八國聯軍攻陷北京後，自縊死。著有《漢學商兌贅言附識》，與人合編《光緒壬午科十八省鄉試同年錄》《順天文鄉試錄》，又輯有《課子隨筆續編》。

　　徐樹鈞（1842～1910），字衡士，號叔鴻，湖南長沙人。收藏金石墨拓、歷代名家字畫數千種，秦磚漢瓦數百種，書擅各體，作品集富。篆宗石鼓，隸法蔡中郎，行楷師大令，草法宗二王，尤究心於金石碑版考據之學。著有《續訪碑錄》《寶鴨齋詩集》《詩餘》《寶鴨齋題跋》《寶鴨齋法帖》《寶鴨齋金石拓存》《淮海詠歸》《長郡題名錄》等。

　　徐士愷（1844～1904），字壽安，號子靜，齋號觀自得齋，安徽石埭人。嗜金石，精鑒別，富收藏，亦工篆刻，與吳雲兩罍軒相頡頏。曾為趙之謙輯二金蝶堂印譜。著有《觀自得齋叢書》。

　　徐琪（1849～1918），字玉可、花農，號俞樓，室名玉可盦、九芝仙館、香海盦、瑞芝軒、瑞薇軒、青琅玕館，浙江仁和人。光緒六年進士，授編修，

歷任山西鄉試副考官，廣東學政，官至兵部侍郎。俞樾弟子。工詩詞、書畫，善花卉，神似惲南田。有《玉可盦詞》《九芝仙館行卷》《雲麾碑陰先翰詩》《鸞綸紀寵詩》《冬日百詠》《留雲集》《墨池賡和》《葡萄徵事詩》《廣小圃詠》《蘇海餘波》《南齋日記》《粵東葺勝記》《日邊酬唱集》《名出福壽編》等。

徐新周（1853～1925），字星州，江蘇吳縣人。吳昌碩學生。篆刻蒼勁有致，深得乃師衣缽。著有《徐星州印存》二卷。

徐兆瑋（1867～1940），字少逵，號倚虹，又號虹隱，別署劍心，江蘇常熟人。光緒十六年（1890）進士，歷官翰林院編修。光緒三十三年（1907），赴日本學習法政，加入同盟會。辛亥革命後，曾任常熟代理民政長。民國元年（1912）與瞿啟甲等選為第一屆國會眾議員。學者、藏書家。

徐乃昌（1868，一作1862～1936），字積餘，號隨盦、隨庵，晚號隨庵老人，別署欠絲，室名小檀欒室、祁齋、積學齋、積餘齋、鏡景樓，安徽南陵人。徐仁山胞侄，翁同龢門生。官候補道。長居上海。曾兩度至東瀛。藏書頗富，多有清代稀本、抄本。一生刊著甚多，著有《續方言又補》《南陵縣建置沿革表》《吳越春秋劄記》《補漢兵志劄記》《雲仙散錄劄記》《續幽怪錄劄記》《徐公文集校勘記》《篋中集劄記》等，輯刊《吳越春秋逸文》《焦里堂先生軼文》《閨秀詞鈔》《懷豳雜俎》《永嘉四靈集》《南陵先哲遺書》《隨盦叢書》《隨盦所著書》《小檀欒室匯刻閨秀百家詞·鏡影》《祁齋叢書》《積學齋叢書》《積餘齋藏書志》《金石古物考》《續考》《漢書儒林傳補遺》《隨庵珍藏書畫記》《金石目》《吉金圖》《安徽全省金石圖》等多種。

徐珂（1869～1928），原名昌，字仲可，別署中可、仲玉、天蘇閣主、純飛館主、小橫香室主人，室名堂大受堂。浙江錢塘人。光緒舉人。官內閣中書。曾參袁世凱小站戎幕，戊戌變法期間，先後加入保國會和保浙同盟。政變後返回杭州。之後，參加南社，在滬從事著述。袁世凱帝制自為時，不受其官，頗獲時譽。工詞，嘗師事譚獻、況周頤。又博通掌故。有《歷代詞選集評》《清代詞學概論》《五刑考略》《清朝野史大觀》及《清稗類鈔》等。

徐樹錚（1880～1925），字又錚，號鐵珊，又號則林，江蘇蕭縣人。早年考中秀才，1901年從家鄉赴山東投奔袁世凱。1905年至1910年東渡日本學習軍事。是段祺瑞的心腹謀士，在辛亥革命、洪憲帝制、張勳復辟時輔佐段祺瑞「三造共和」，於1919年11月迫使外蒙古無條件撤銷自治，回歸中國中央政府的直接管轄之下，並以西北籌邊使身份坐鎮外蒙，加以經營。文武雙全，才

華橫溢，著有闡述他政治思想的《建國銓真》及文學作品《視昔軒文稿》《兜香閣詩集》《碧夢庵詞》等。

徐穆如（1904～1996），初名徐觀，又名潔宇，江蘇無錫人。15 歲起，先後師事於吳昌碩、吳觀岱，兼擅金石書畫和攝影。16 歲即開始鬻字。20 世紀 20 年代有書畫作品刊載於《神州國光集》《中日美術》《東南攬勝》諸雜誌。

徐鋆（？～1925 年前後在世），字貫恂，一字冠群，號澹廬，一作淡盧、淡盧，別署澹廬主人，室名麗鏡簃，江蘇南通人。光緒優附生。畢業於法校。獎敘知縣官、交通部路政司。歷任浙江財政廳、隴秦豫海鐵路總公司秘書。晚居上海。工詩詞，富收藏。著有《麗鏡簃詞·楹聯》《碧春詞》《澹廬詩文集》《澹廬藏鏡·藏佛·藏泉·藏牘》。

徐慎侯（現代人，生卒年不詳），詩人。

徐平（現代人，生卒年不詳），字子安，安徽當塗人，收藏家。

殷松年（現代人，生卒年不詳），字墨卿，江蘇丹徒人。工詩文，善書法。

翁同龢（1830～1904），字叔平、聲甫、笙甫、笙階、訒夫、和甫，號玉圃、瓶笙，一作瓶生，又號松禪、松禪老人、瓶廬，亦號瓶庵、瓶盦、瓶齋、長瓶、瓶庵居士、瓶齋居士、均齋、韻齋、笙龕皆、井眉屠士，室名蜠翼居、紫芝白龜之室。江蘇常熟人。咸豐六年狀元。歷任戶部侍郎，都察院左都御史，刑、工、戶部尚書，先後兩入軍機處，兼總理各國事務衙門大臣，又為同治、光緒帝師傅。中法、中日戰爭時，主張出重兵，尤力主抗日。《馬關條約》後，憤於李鴻章割地求和，遂欲扶光緒帝親政，籌思革新，支持康有為變法主張，並密薦於光緒。1898 年 6 月光緒宣佈變法後四天，著令開缺回籍。戊戌政變後被革職，交地方官嚴加管束。1909 年宣統即位，詔復原官。諡文恭。工書法。著有《瓶廬文稿·詩稿》《翁文恭公日記》。

翁斌孫（1860～1922），字韜夫、強夫、弢甫，號笏庵、笏齋，又號廉訪，江蘇常熟人。光緒三年（1877）進士，授編修。曾任光緒二十年（1896）同考官等。宣統三年（1911）署直隸提法使。是翁家在清末的最後一位大吏。支持並積極參與變法，加入了強學會。繼承整理翁氏家族珍藏書籍及歷代書畫。

翁思益（現代人，生卒年不詳），字友三。好收古錢、錢幣拓本和古籍善本。清光緒六年（1880）嘗刊刻《開有益齋讀書志》。民國十五年（1926），上海古泉學社成立，被舉為評議員。嘗藏一品方貝貨泉，甚為珍稀。

奚侗（現代人，生卒年不詳），字度青，號無識，安徽當塗人。南社社員。

陳喬森（清 1833～1905），原名桂林，字木公，號逸山、逸珊、一山，別署擎雷山人，室名亭榕垞，廣東遂溪人。咸豐十一年（1861）舉人，執掌雷陽書院 30 年。

陳與冏（清 1845～1911），字弼臣、弼宸，號緘齋，福建侯官人。由監生中式同治甲子科本省鄉試第二十六名舉人，戊辰科考取覺羅官學漢教習，光緒六年（1880）進士，善書法。

陳寶琛（1848～1935），字伯潛，一字伯泉，又字敬嘉，號弢庵、陶庵、聽水、橘叟、橘隱、滄趣，別署聽水老人、聽水齋主人、聽水齋老人、滄趣樓主、鐵石道人，室名海螺盦、澂秋館、滄趣樓、聽水齋、聽水第二齋、海天閣、偕寒亭、發寒樓，曾自稱賜書樓下支離叟，福建閩侯人。同治七年（1868）進士，授翰林院庶吉士。歷官內閣學士、禮部侍郎。入閣後以敢言朝政得失有名，與張佩綸等有「四大金剛」之目，又與張之洞等有「清流黨」之稱。光緒十七年（1892）被黜回里賦閒。其間，在福州創辦東文書院、全閩師範學堂。辛亥革命前夕起用，任山西巡撫，未赴任，被留作溥儀漢文師傅，官為太傅，並任弼德院顧問大臣。清室亡後，積極慫恿溥儀復辟。1931 年溥儀成立偽滿時，又於次年前往，但被鄭孝胥排擠南返。善書，似黃庭堅，又工畫松。喜藏古印。著述有《澂秋館印存・藏古封泥・吉金圖錄》《滄趣樓詩集》《澄秋館印存》《滄趣樓集》《聽水齋詞》《滄趣樓詩集》《滄趣樓文存》《滄趣樓律賦》《滄趣樓聯語》《南遊草》《陳文忠奏議》等。

陳季同（1851～1907），字敬如，一作鏡如，號三乘槎客，西文名 Tcheng ki-tong（Chean Ki Tong），福建侯官（今屬福州）人。外交官，翻譯家，詩人。早年入福州船政局，後去法國學習法學、政治學，歷任中國駐法、德、意公使館參贊，1884 年為劉銘傳幕賓隨往臺灣，後升副將。1895 年中日《馬關條約》簽訂後，建議組織臺灣民主國，任外務大臣。失敗後返回大陸。1906 年到北京承辦救濟事務。翻譯出版了《聊齋志異》等多種中西文著作，著有《三乘槎客詩文集》《盧溝吟》和《黔遊集》等詩集。

陳三立（清 1852～1937），字伯嚴，號散原，晚號散原老人，別號蜻廬、衍君、閑園、蛻園、神州袖手人，室名散原精舍、駢枝室、蜻廬（承襲），江西義寧人。光緒十二年（1886）進士。官吏部主事。戊戌變法期間，助其父（寶箴，湖南巡撫）在湘創行新政。政變後父子同被革職。辛亥革命後，曾以遺老自居，避居於杭州、匡廬、潯陽間，後仍還金陵。晚年遷居北平，堅守民族大

義，不受日寇利誘。其詩奇倔，好用奇字深典，被稱為同光體中「生澀奧衍」派。著有《廬山詩錄》《散原精舍詩集·文集》等。子衡恪、寅恪及次婿俞大維等皆知名。

陳伯陶（現 1855～1930），字象華，號子礪，晚更名永燾，又號九龍真逸，別署萬年青，室名聚德堂、瓜廬，廣東東莞人。光緒十八年進士。歷充國史館協修，雲南、貴州、山東鄉試正副考官，及任江寧提學使、江寧布政使。入民國，隱居香港以終。撰有《九龍真逸七十述哀詩》《瓜廬詩賸·文賸》《東莞縣志》《增補羅浮志》《孝經說》《勝朝遺民錄》等。

陳衍（現 1856～1937），幼名尹昌，字伯伊、叔伊，號石遺，晚號石遺老人，別署拾遺、醉石、陳俠、遲園、匹園、匹遠，室名石遺室、大江草堂、蕭閑堂，福建侯官人。光緒八年舉人。張之洞幕賓。曾任官報局總纂、學部主事等職。主張中國設立洋文報館，介紹西方工農商學等情。後講授京師大學堂、北京大學、廈門大學等校。著有《石遺先生談藝錄》《石遺室詩話》《文集》《詩集》《朱絲詞》《感舊集小傳》《閩詩錄》《說文舉例》《閩侯縣志》《福建通志》《通鑑紀事本末》《史漢研究法》等。

陳夔龍（現 1857～1948），字筱石，又作小石，也作韶石，號庸盦、庸庵、庸庵居士、庸庵老人、璧水春長、水流雲在，室名花近樓，又署海上花近樓、松壽堂、夢蕉亭、把芬廬、題蕉廬、五十三參樓，貴州貴陽人。光緒十二年進士。授兵部主事，升內閣侍讀學士。為兵部尚書榮祿所器重，辟為武衛軍幕僚。累遷順天府尹。慈禧西逃後，參與議和及簽訂《辛丑條約》。1901 年後，歷任河南布政使，漕運總督，河南巡撫，江蘇巡撫，四川、湖廣總督，直隸總督兼北洋大臣。有《庸庵尚書奏議》《夢蕉亭雜記》《花近樓詩集》《松壽堂詩存》《夢蕉亭雜記》。

陳漢章（1864～1938），字倬雲，又字伯弢，室名聞妙香室、見山樓、綴學堂，浙江象山人。舉人出身。歷任北京大學文科教授，中央大學文學院史學系主任。1931 年告老，從事著述。著有《禮書通故識語》《論語征知錄》《孔賈經疏異同評》《遼史索引》《周書後案、佚文考》《風俗通姓氏篇校補》《南田志略》《歷代車戰考》《蘇詩注補》《史學通論》《集古錄補目補》《崇文總目輯釋補正》《後漢書補表校錄》《綴學堂叢稿》等。尚有《周易古注兼義》等未刊稿，以善本入藏於浙江省圖書館。

陳昭常（現 1867～1914），字簡持（墀、池），號平叔，廣東人。光緒二十

年（1894）進士，授翰林院庶吉士、一等編修等職，後改任刑部主事，候選道員。光緒二十三年（1897）隨南海張蔭桓出使英國，同年到廣西任洋務局會辦等職。光緒二十四年（1898）任廣西右江兵備道、督練公所督辦、洋務局總辦、總理行營營務處，節制水陸軍。以剿辦廣西梧州、鬱州、潯州各屬土匪有功，於光緒二十五年賞戴花翎。著有《廿四花風館詩詞鈔》《廿四花風館文集》行世。

陳彥衡（現 1868～1933），又名鑒，字新銓，四川宜賓人。中國京劇樂師，擅京劇胡琴，對京劇生旦唱腔深有研究。他與京劇界名藝人譚鑫培、梅雨田、孫春山、林季鴻交往，共同設計創造新穎的唱腔，許多演員的藝術成就也得力於他的指導、傳授。他的京胡伴奏技巧造詣很深，配合演員演唱絲絲入扣，相得益彰。梅蘭芳、余叔岩、言菊朋、孟小冬等都曾得到過他的指點。著有《戲選》《說譚》《燕臺菊萃》《舊劇叢談》等書。在《戲選》中所收的劇碼均附有工尺譜，首創有工尺的京劇唱腔譜。

陳少白（現 1869～1934），原名聞韶，號夔石，廣東新會人。天資聰敏，勤奮好學，習字、念書、學寫詩文均是同窗中的佼佼者。21 歲入香港西醫書院。與孫中山、尤列和楊鶴齡被清政府稱為「四大寇」。1895 年入興中會，1897年赴臺灣設立興中會臺北分會。1900 年奉孫中山命回香港辦《中國日報》，宣傳革命。為了宣傳革命，他還成立了「采南歌」「振天聲」「振天聲白話劇」等劇社。遺作有《興中會革命史要》《興中會革命史要別錄》等文獻。

陳漢弟（1874～1949），字仲恕，一作中恕、仲書，號伏廬，室名千印齋，浙江杭縣人，一作仁和人。清季翰林。曾留學日本，入東三省總督趙爾巽幕。辛亥革命後，歷任總統府秘書、國務院秘書長、參政院參政、清史館編纂等職。晚年寓上海，擅寫花卉、枯木竹石，尤愛好金石，藏印甚富，有《伏廬印存》存世。為中國畫學研究會發起人之一。

陳衡恪（1876～1923），字師曾，號槐堂、朽道人或朽者，稱其室為唐石簃、染倉室、安陽石室，江西修水人。詩人陳三立子，曾留學日本，歸國後從事美術教育。善詩文、書法，尤長繪畫。篆刻曾得吳昌碩指授，山水參合沈周、石濤、石溪、藍瑛，不使一筆入「四王」，故鈎多皴少，生辣勁強，常作園林小景，饒有詩情，寫意花果取法陳道復、徐渭，並結合寫生，唯不擅翎毛，常與王夢白（雲）合作。亦偶作風俗人物畫，風格清新爽健。魯迅對陳有「才華蓬勃，筆簡意饒」的讚語。常與齊白石切磋畫藝，齊有「君無我不進，我無君

則退」的詩句。著有《中國繪畫史》、《中國文人畫之研究》（係翻譯日本大村
西崖所作和本人專論合輯而成）、《染蒼室印存》等。

陳半丁（現 1876～1970），原名年，字靜山，彎生，二居其一，故號曰半
丁，辛亥革命後即以號行，別號山陰道上人、鑒湖釣徒、蓬萊山民、竹環、竹
環齋主人、不須翁、半癡、半翁、半叟、山陰半叟、半丁老、半野老、老復丁、
稽山半老、藐世頭陀等，齋名有抱一軒、一根草堂、五畝之園、竹環齋、敬滌
堂、莫自鳴館等。浙江紹興人。累世為醫，而清貧如洗。19 歲至上海，由識任
伯年，得獲指授，後又請益於吳昌碩，缶翁熱情授以繪畫、篆刻要領，追隨左
右近十載，所得獨多。書畫篆刻名重於時。晚年遭浩劫，衰年不堪殘虐，病亦
無門求診，遂含冤以卒，年九十五。

陳融（1876～1954），字協之、劦之，又號顒庵、顒厂、融厂，別署松齋，
齋名黃梅花屋、黃梅書屋、顒園。祖輩寄寓廣州，遂為番禺人。早年肄業於菊
坡精舍。留學日本，加入同盟會。辛亥革命後，曾任國府秘書長。歷任廣東法
政學校校長、西南政務委員會會長。能詩，有《黃梅花屋詩稿》傳世。所作《讀
嶺南人詩絕句》四千餘首，自唐張九齡以迄近代諸家，各為詩品評，蔚為制。
書法兼擅隸楷行草，晚年尤工草法。善篆刻，師從劉慶崧，得其勁利峭拔，因
博覽今古，所以風格亦多姿多彩。1919 年輯自刻印成《黃梅花館印存》六冊。
愛蓄印，曾輯黃士陵、劉慶崧刻印而成《顒園藏石》，又以所藏黃士陵、劉慶
崧、馮康侯等作品輯為《黃梅花屋印集》，仿魏稼孫作《續績語堂論印》百章。
尚有《顒園詩話》傳世。

陳叔通（現 1876～1966），名敬第，號雲麋（麋）、飯顆山樵客，室名有
所不為齋、雙漢罌齋、百梅書屋，浙江杭州人。光緒二十九年進士，入翰林。
甲午戰爭後留學日本，曾參加戊戌維新運動。辛亥革命後，任第一屆國會眾議
院議員。曾參加反對袁世凱的鬥爭。此後，長期擔任上海商務印書館董事、浙
江興業銀行董事等職。抗日戰爭期間參加抗日救亡活動。抗戰勝利前夕，參加
籌組上海市各界人民團體聯合會。1949 年 9 月出席中國人民政治協商會議第
一屆全體會議。中華人民共和國成立後，任中央人民政府委員，全國人大常委
會副委員長，政協全國委員會副主席，中華全國工商聯合會第一、二、三屆主
任委員。

陳鼎忠（現 1879～1968），即陳天倪，著名經史學家，國學大師。曾任
教於東北大學、湖南大學、無錫國學專修學校、中山大學、國立師範學院等

大學，曾任中山大學文史研究所（其前身為語言歷史學研究所）所長。抗戰勝利後，晦跡里閭，專事著述。「文革」中著作多被毀，其子陳雲章經多方搜集，始輯成《尊聞室剩稿》一書，收有《六藝後論》《周易概要》《孟子概要》《詩經別論》《通史敘例》《治法》《詩論》《尊聞室詩集（附詩餘）》《尊聞室文集》等。

陳嘯湖（1880～1953），字少湖，又號嘯湖，雲南宣威人，清末任知縣。著有《車茵集》《秋江集》《殘夢集》《廬山遊草》等。廣東詞人朱庸齋有《南浦・重九寄懷陳嘯湖》，曰：「夢裏慣登臨，趁秋光踏遍，剩山殘水。拋卻舊芳菲，人天外、休說低徊無地。蕭蕭黃葉，離魂應被鴉驚起。佳節已拚隨分過，零落天涯行李。誰憐獨自攜壺，對歌沈舞歇，難消一醉。風雨滿危城，凝眸處，黯黯寸心千里。清狂漫理。佩萸簪菊年時事。兩鬢吳霜容易見，供得幾多憔悴。」

陳梅湖（現 1881～1958），又名沅，號光烈，廣東饒平縣人，清末秀才。參加反清革命。在泰國繼承父親陳慈登產業，成為著名僑領。在參加反清革命活動後，把大部分家產變賣所獲資金，贊助孫中山革命。入民國後，歷任孫中山秘書、秘書室主任、國務院存記、潮梅自治總會會長、分陝道尹、行嶺東招撫使事兼莞潮梅官產招寧鹽政、粵東公路局長、閩粵邊粵軍招撫特派員、行粵軍招撫使事等及饒平縣長，大埔縣長。後應鄒魯邀請協修《廣東通志》。著《鴻冥集》詩卷，錄詩 185 首。

陳陶遺（現 1881～1946），名公瑤，字陶怡，一作陶遺，遇泰子，號道一，江蘇金山人。光緒二十七年（1901）秀才。後東渡日本，入早稻田大學攻讀法政。並由同鄉高天梅介紹，加入同盟會，改名劍虹。不久，受命回國，在上海和高天梅等創立中國公學，暗為同盟會秘密機關，從事革命。光緒三十二年（1906）秋，第二次去日本，接辦《民報》和《醒獅》週刊，並擔任暗殺部副部長。宣統元年（1909）柳亞子等人發起組織南社，他為其中骨幹。南京臨時政府成立，被選為臨時參議院副議長。書法精湛，尤精章草。

陳大年（現 1882～？），字蘦生，一作夢生，室名漢木齋，廣東南海人。南社社友。30 年代在廣州執行律師業務。曾參加考古學社。

陳樹人（現 1884～1948），原名陳政，又名陳韶、陳訊，以字行，別號猛邁、猛進，又別署葭外、葭外漁夫、訂生、美魂女士，室名樗園、百獲齋，晚號安定老人，廣東番禺人。辛亥革命元老、嶺南畫派創始人之一，17 歲從其

外叔居古泉學畫。歷主香港《廣東日報》《有所謂報》《時事畫報》筆政，鼓吹革命。1905 年遊學日本，入京都美校，並加入同盟會，以後始終追隨孫中山參加民主革命。民國初年回國任廣東高等學堂國畫教習。二次革命失敗後復東渡，入東京立教大學文學科，曾參與編輯《民國雜誌》，反袁稱帝。1916 年奉中山命赴加拿大任國民黨總幹事。國共合作時，任國民黨黨務部長、廣東省務廳長等職，並兩權省長，以及國民黨二大候補執委。「四‧一二」反革命政變後憤而辭職，避居香港。1932 年任僑務委員會委員長等職。抗日勝利後辭去任職，從事繪藝。擅山水花卉，尤工木棉花。與高劍父、高奇蜂並稱嶺南現代三大家。有《陳樹人畫集‧近作》。亦能詩，有《寒綠吟草》《專愛集》《戰塵集》《自然美謳歌集》等。

陳中凡（1888～1982），原名鍾凡，字斠玄，號覺元，江蘇鹽城人，中國古典文學家、紅學家，與胡小石、汪辟疆並稱南大中文系「三老」。受業於李瑞清、繆荃孫、陳三立，曾與胡小石為同學。1921 年任國立東南大學教授兼國文系主任，1926～1928 年任金陵大學教授，1935～1949 年任金陵女子文理學院教授。1952 年起為南京大學教授，兼江蘇省文史館館長。博學洽聞，從目錄學、諸子群經、文學批評史到文學史、戲劇史。晚年側重古代戲劇史研究。著有《古書讀校法》《中國文學批評史》等書，其中《中國文學批評史》是中國第一部文學批評史。

陳銘樞（現 1889～1965），字真如（一說到南京學佛改名），一字證如，廣東合浦人。保定陸軍軍官學校畢業，同盟會會員。北伐戰爭時期，任國民革命軍第十一軍軍長兼武漢衛戍司令。1927 年任國民革命軍總政治部副主任。1929 年任國民黨廣東省政府主席。1931 年「九一八」事變後任京滬衛戍司令。次年「一‧二八」事變後，參加淞滬抗戰。1933 年後接辦神州國光社。同年與李濟深等組織中華共和國人民革命政府於福建。1936 年與李濟深等在香港成立中華民族革命大同盟，抗戰後參加組織中國民主政團同盟、三民主義同志聯合會。1948 年在香港成立中國國民黨革命委員會，任中央常委。中華人民共和國成立後，歷任中央人民政府委員、中南行政委員會副主席、全國人大常委、全國政協常委、民革中央常委等職。著有《海南島志》。

陳澹如（現 1884～1953），名履熙，字澹如，又字坦如，號福田、覺庵、澹廬，晚稱復恬居士。嘉興人。結識章太炎，研習《說文解字》。西泠印社早期社員。擅隸篆。

陳柱（1890～1944），字柱尊，號守玄，廣西北流人。家學淵源深厚，自幼勤於國學，博聞強記，根基厚實。師從唐文治，深得唐文治器重。先後執教於無錫國學專修學校、交通大學、大夏大學、暨南大學，曾任安徽大學校長。參加南社外，又參加中華學藝社、新中國建設學會。主編《學藝雜誌》《國學雜誌》《學術世界》等。著作有 120 多種，以國學論著為大體，其中又以子學著作為主體。有《老子集訓》《公孫龍子集解》《中國學術討論集 1、2 集》《墨子十論》《公羊家哲學》。其中又以《守玄閣文字學》《小學考據》《公羊家哲學》《墨子閒詁補正》《三書堂叢書》《文心雕龍校注》《墨子十論》《子二十六論》等書最為精闢，深受學界推崇、讚賞。

陳方恪（1891～1966），字彥通，齋號屯雲閣、浩翠樓、鸞陂草堂。江西義寧州人，出生於祖父陳寶箴武昌湖北布政使衙署內，陳三立第四子，陳寅恪弟，家族排行第七，故人稱「陳家老七」。著有《屯雲館詞》。

陳邦福（1892～1982），字墨迻，號摹廬，室名億年堂、無邪堂，江蘇鎮江人。精研甲骨文，著有《殷墟霝契考》《殷契說存》《殷契辨疑》《殷契瑣言》《漢魏木簡義證》《古璽發微》《日照丁氏藏器目》等。

陳向元（現 1893～1974），名孝威，以字行，福建閩侯縣人。1914 年畢業於保定陸軍學校，曾任直隸泰寧鎮守使一職。北伐成功後，因開罪蔣介石，被迫退出軍界，在天津賦閑當起了寓公。善畫。

陳乃乾（1896～1971）名乾，字乃乾，筆名東君，室名共讀樓，浙江海寧人。文獻學家，編輯出版家。是清代著名藏書家向山閣主人陳仲魚後裔。編印《清代學術叢書》《周秦諸子斠注十種》《重訂曲苑》《共讀樓所藏年譜目錄》《魏正始石經殘字》《室名別號索引》《元人小令集》《南洋中學書目》《徐闇公先生年譜》《淵海樓舊本書目》《鬼谷子校記》等。

陳瑛，《印林閑詁》中載：「繆藝風荃孫嗜金石好藏書，嘗集刻古今人藏書齋館印文，摹為小箋，殊雅。臚列如左。」其中有「百甓齋，陳瑛」。據《室名別號索引》，百甓齋，清吳縣陳璜。作陳瑛，誤。陳璜有《百甓齋金石文字目錄》六卷傳世。

陳兼善（1898～1988），字達夫，號得一軒主人，浙江諸暨人。1921 年畢業於北京高等師範博物部。1927 年任中山大學教授。1931 年後赴法國巴黎大學魚類研究所及英國倫敦大學博物館，從事魚類分類學研究。1934 年回國後，任上海暨南大學、廣東勷勤大學師範學院博地系教授、系主任。抗日勝利後，

與羅宗洛、楚步青等到臺灣參加接管工作。後任臺灣博物館館長，臺灣大學理學院、臺灣師大、臺中農學院、臺中東海大學理學院教授、系主任。1972 年僑居美國。1982 年回國定居。著有《進化論初步》《進化論綱要》《遺傳學淺說》《普通動物學》《臺灣脊椎動物志》《魚類的演化和分類學》《英漢動物學辭典》等。亦擅長詩詞、書法、金石。

陳寥士（1898～1970），原名陳道量，字企白，一作器伯，號寥士、玉谷、十園。鎮海人。其父陳荔汀與母止止老人，以及其妻謝黛雲、妹陳蘭言俱擅詩詞，堪稱一門風雅。陳寥士幼年穎悟，早有詩名。曾與沙孟海、朱鼎煦、王個簃等，從慈溪詩人馮玕學。著有《單雲甲戌稿》《單雲閣詩》《單雲雜著》《單雲閣詩話》等。有學者認為，陳寥士因其師馮君木詩中有「窮居門巷比雲單」一句，故名其齋曰單雲閣。但從其友人所題《單雲閣圖》詩來看，其齋名應源於唐人孟郊《秋懷》「商葉墮乾雨，秋衣臥單雲」一句。

陳世鎔（1899～1962），字趨亭，號伯冶，福州人。詩人。中年後旅居上海。一生致力於讀書立說。集 30 餘年心血編輯而成的巨著《福州西湖宛在堂詩龕徵錄》，全書 20 卷，近 80 萬字，收錄了曾經入祀於福州西湖宛在堂，自隋唐至近代以來 270 位福建詩人的生平、軼事及代表作。體例之完整、內容之詳密，堪稱福建地域文學史著作之翹楚，具有很高的學術價值和歷史價值。

陳運彰（1905～1955），原名陳彰，字君漠，一字蒙安、蒙庵、蒙父，號華西。原籍廣東潮陽，生長於上海。早年跟隨況周頤研究詞學，為入室弟子。歷任上海通志館特約採訪、潮州修志局委員，之江文理學院、太炎文學院及聖約翰大學教授。工詩詞、擅書畫、精篆刻，書畫金石收藏家。

陳夷同（1910～1940），原名照，一字暘若，又字明於，浙江平湖人。為陳來胞弟，篆刻渾樸蒼雋。有《夷同印存》附於陳來之《安持精舍印話》之後。

陳祓溪（現代人，生卒年不詳），無考。

陳寬（現代人，生卒年不詳），字量違，詩人。

陳煜甿（時代不明），字光我。著《泉石留言》一卷，餘無考。

陳子靖（民國時人，生卒年不詳），收藏家。

陳保孚（民國時人，生卒年不詳），詩人。

陳松英（民國時人，生卒年不詳），女，書法家。

陳景素（現代人，生卒年不詳），廣東番禺人。

陳伯任（現代人，生卒年不詳），廣東番禺人。

陳舒（清代人，生卒年不詳），又名原舒，畫家。

陳仲璧（現代人，生卒年不詳），民國時人，曾任廣東銀行行長。

陳恭受（民國時人，生卒年不詳），字益南，法號慧誠。廣東南海人。1905年入廣東員警學堂。1907年畢業後，赴佛山任巡官，後投清督辦江孔殷門下任書記。辛亥革命後，曾任省員警廳司法科科長。1918年投靠桂系軍閥，任廣東警務廳廳長，組織鄉村地主武裝魁永十二鄉聯團等。1920年任南洋兄弟煙草公司顧問，並組織蓮華四十六鄉聯團。1923年成立佛山忠義鄉團，加入聯防，任總理，並兼任佛山商會會長、商團團長。1924年與陳廉伯勾結，成立廣東全省商團總公所，任副總長，10月發動商團叛亂。失敗後逃往香港，在普陀山印光和尚處受居士戒。

陳清（現代人，生卒年不詳），字文翁，無考。

陳樾（民國時人，生卒年不詳），字伯任，廣東南海人。民國時任番禺縣縣長時，主持修復了陳恭尹、屈大均墓。

陸繼輝（1839～1905），字蔚廷。增祥子。同治十年（1871）進士，改庶吉士，散館授編修、直史館。光緒二年（1876）北闈分校，歷典試湖北、江西兩省鄉試。光緒二十年（1894）授陝西漢中知府，未赴，丁母憂。服闋授河南汝寧知縣。三十一年（1905）卒於官。學問淹博，尤好金石，搜羅考訂不倦。工繪事、法南田。性純謹篤實，尤崇尚儉德。著有《金石萃編補正續編》64卷，《八瓊室金石補正續編》64卷。

陸增煒（1873～1945），字怡美，號彤士，江蘇太倉人。光緒戊戌進士。曾任陝西西安府知府，著有《懌園詩詞遺集》，秭園詩社社員。

陸寶樹（1876～1940），字枝珊，別號醉樵，常熟人。清附貢生，曾任太倉學正，後回里辦學。與詩友創辦文學社團虞社並編輯《虞社》雜誌，為虞社骨幹。工詩詞，尤以律詩見長。

陸靈素（1883～1957），原名守民（一作秀民），字恢權，號靈素，別署繁霜、華涇鄉姑，江蘇青浦人。南社社員。能詩善文，而且擅唱崑曲，為南社中有名的才女。

陸更存（1885～1948），字玄同，名俠飛，號嶠南，別號綠波詞人、玄同居士，廣西容縣人。近代容縣第一批留日學生，中國同盟會會員，南社詩人，著有《玄同詩稿》《龜巢詩抄》等。

陸幼剛（1892～1983），號厲庵，廣東信宜人，北京大學文科畢業。1910

年加入同盟會，1911 年參加高州起義。歷任大元帥府秘書、法制委員會委員、鶴山縣長，江門市長、廣州市政府教育局長、市政府秘書長兼土地局長、廣東省政府秘書長、代理省政府主席、國民黨中央監察委員。1946 年當選廣州市參議會議長，國民大會代表。後移居香港，創辦培知中學並任董事長。赴美國講學，曾任羅省中學校長。

陸丹林（1897～1972），字自在，號非素、楓園，別署於勤、長老、長安老人、風侶、甘霖、自在長老、自在老人、傑夫、頂湖舊侶、居長安、眇叟、恩和、赤子、遜輿、遜伯、接輿翁、清桂、淞南侶、居長夢夢客、紫楓、肆江、樓空老人、蹇翁、霞菲，室名因英樓、自在長老讀書堂，紅樹室、薇居，廣東三水人。幼時讀書於達立學堂，後入廣州培英學校。1911 年廣州起義前參加同盟會，爾後到上海又加入南社。性喜書畫文物，擅長美術評論，亦善書法，又熟諳文史。曾任上海中國藝專、重慶國立藝專教授，中國畫會理事，文藝作家協會委員等職。又先後主編《大光報》《中國晚報》《道路月刊》《國畫月刊》《逸經》《蜜蜂畫刊》《大風》《廣東文物》《人之初》等刊。著《楓雨瑣談》《紅樹室筆記》《革命史談》《革命史話》《從興中會組織到國共合作史料》《新文化運動與基督教》《基督教文化侵略下的廣東教育》《孫中山在香港》《藝術論文集》《美術史話》及《市政全書》等。

陸屺公（清末民國人，生卒年不詳），廣東順德人。

陸孟芙（民國時人，生卒年不詳），江蘇常熟人，詩人。有《陸孟芙詩詞集》。

陶邵學（1864～1908），字子正，亦作子政，又字希源，室號頤巢，廣東番禺人。光緒二十年（1894）進士，任內閣中書，後南歸。任星岩書院，肇慶中學堂監督。著有《頤巢類稿》《琴律》《補後漢書食貨刑法志》《續漢書刊誤》。

陶瑢（1872～1928），原名璐，字寶如，號劍泉，又號鑒泉、心莊、見南山人。江蘇武進人。書畫家。凡山水、人物、花卉臨摹之作，無不逼肖古人，尤特長畫松。又工鐵筆。清季曾官河南臨穎知縣。辛亥革命後曾任北京財政部秘書。

陶壽伯（1902～1998），原名之芬，譜名福堂，以字行，一字知奮，早歲別署瘦芝、半庵，室名萬石樓，自號萬石居士、萬石樓主，又號白厓居士，晚號萬石山人、疇中老人，江蘇無錫人。書畫、篆刻家，去臺灣後有臺灣印王之稱。1915 年，至蘇州漢貞閣習藝，拜唐伯謙昆仲為師，錢瘦鐵為其大師兄。後

為趙叔孺入室弟子，與陳來、方介堪、葉露園稱趙氏門下印人四傑。1946 年復入門大風堂，從張大千遊。自 1949 年離滬經香港而至臺北舉行畫展至今，四十年來，以書、畫、印三絕藝人。在日本、韓國、香港和東南亞地區，以及臺北、臺中、高雄等地，先後舉行個人金石書畫展達一百五十餘次，六十餘年來刻印不下數萬，其畫凡山水、花卉、蔬果無一不精，尤工寫梅。90 歲在無錫、上海舉辦展覽。

孫詒讓（1848～1908），字仲容，號籀膏、籀廎居士，別號籀廎居、瞻園，別署荀羕、越東逸民荀徵等，室名玉海樓（承襲其父衣言之藏書樓。為浙江四大藏書樓之一）、百晉精廬、百晉陶齋、盂庵、五鳳磚研齋。浙江瑞安人。衣言子。同治六年舉人，官刑部主事，旋引疾歸。窮經著書凡四十年。後吏部尚書張百熙、兩湖總督張之洞引薦，均不出。甲午戰後，在鄉致力地方教育，先後創辦算學書院、瑞安方言館、瑞平化學學堂，創籌溫州府學堂，並提倡女學，設立德象等女學堂，以勞而逝。著有《周禮正義》《墨子閒詁》《契文舉例》《名原》《尚書駢枝》《札迻》及《溫州經籍志》《籀廎述林》。

孫雄（1866～1935），原名同康，字師鄭。江蘇昭文人。光緒二十年（1894）進士，官學部主事，大學堂監督、內閣中書等職。曾協助翁同龢辦理筆劄，與翁同龢同鄉、師、友三者兼而有之。民國藏書家、文學家，工詩文，並精考據。曾準備繼《湖海詩傳》之後，再續道光、咸豐以來諸家詩文，名《道咸以來所見詩》，後又改名《道、咸、同、光四朝詩史一斑錄》，正編 4 冊，著《師鄭堂集》《舊京文存》《眉韻樓詩話》。側室張元默，詩人，字蕙芳，常熟人。為詩語言平易，著有《雙修閣詩存》。

孫毓筠（1869～1924），原名多琪，字竹如，號少侯，又號夬厂，安徽壽州人。1906 年東渡日本，加入同盟會，任總部庶務部幹事。1907 年回國，策動新軍起義，事泄被捕。武昌起義後獲釋，被任為浙江聯軍總部副秘書長、安徽都督。後赴北京，任臨時參議院議員、約法會議議長、參政院參政等職。1915 年參與發起籌安會，擁袁復辟。1916 年 7 月被北京政府通緝，後被赦免。1924 年應邀赴河南軍務督理胡景翼處，後客死於開封。

孫道毅（1866～1941），江蘇人。曾任安徽巡撫署衛隊管帶，協助辛亥革命起義。

孫謹丞（現代人，生卒年不詳），詩人。

十一畫：區 梅 黃 曹 盛 國 許 章 康 商 梁 符 張 崔 崇

區大原（1869～1945），字季愷、桂海，號裕輝、怡盦，晚號狷廬，廣東南海人。光緒二十九年（1903）三甲進士。欽點翰林院庶吉士，授翰林院檢討。外放福建省候補道。後受聘為旅京南海公學學監。宣統年間被派往日本早稻田大學學法律。民國成立後，受聘為廣東省省長公署高級顧問。民國三年（1914）任廣東省公立法政專門學校（國立中山大學前身之一）校長。1927 年移居香港。擅書法。

區夢良（1888～？），原名賚，又名龐賚，號夢園、夢成，別署麟德石佛堪主，廣東南海西樵人。家富有，少時即從事搜羅彝鼎、石佛、銅鏡、鉥印之屬。好與印人往來，李茗柯為其刻印數十。存世有《夢園藏印》《夢園印存》。

梅蘭芳（1894～1961），名瀾，又名鶴鳴，乳名裙姊，字畹華，別署綴玉軒主人，藝名蘭芳。北京人，祖籍江蘇泰州。中國京劇表演藝術大師。

黃玉麟（1842～1914），宜興蜀山人，原籍丹陽。清末宜興著名製壺匠師。幼孤，年十三從同鄉邵湘甫學製壺，三年遂青過於藍。喜製「掇球」「供春」「魚化龍」諸式，瑩潔圓湛，精巧而不失古意。黃玉麟是清末最重要的藝人，以其嚴謹精巧、工事整的技巧和風範，為紫砂壺藝增添許多精彩的篇章。

黃紹憲（1844～1911），字季度，廣東南海人。光緒十七年（1891）舉人。工詩畫，富收藏，黃牧甫曾為刻「南海黃紹憲所藏經籍書畫金石文字憲子孫其萬年永寶」諸印。康有為《自都歸鄉黃季度別駕以詩慰問奉次原韻》有「講堂漫有青紗帳，春信偏知黃葉村」詩句以贊之。梁鼎芬嘗作詩題其墨荷花。有《在山草堂爐餘稿》。

黃遵憲（1848～1905），字公度，別號人境廬主人，廣東嘉應州人。1876年中舉人，歷充駐師日參贊、三藩市總領事、駐英參贊、新加坡總領事，戊戌變法期間署湖南按察使，助巡撫陳寶箴推行新政。工詩，喜以新事物熔鑄入詩。黃遵憲的作品有《人境廬詩草》《日本國志》《日本雜事詩》等。

黃士陵（1849～1908），字牧甫，亦作穆父、穆甫，別號倦叟、黟山人，安徽黟縣人。僑寓廣州頗久。所作篆書，淵懿樸茂。畫力追徐崇嗣沒骨法，善摹彝器圖形。治印早年法吳熙載，後宗秦漢璽印，參以商周金文體勢筆意。作品光潔平直，看似呆板，實有變化，側款用北魏書體，爽朗豪放。能在皖、浙二派外自成一家。刻有《波羅蜜多心經印譜》《黟山人黃牧甫印集》。

　　黃紹箕（1854～1908），一名紹基，浙江瑞安人。伍銓萃《黃紹基傳》記字仲韜，亦作仲弢，一字穆琴，別字主一，號漫庵，別號鮮庵，別署路舸，室名鮮庵、蓼綏閣。光緒六年進士。授編修，歷任四川、湖北考官，武英殿纂修。與康有為交往甚密，曾助其上書。《馬關條約》簽訂後，與文廷式等上書抗議。為上海強學會發起者之一。光緒二十四年（1898）授翰林院侍讀學士。進呈張之洞《勸學篇》，被採納。後擢左春坊左庶子，派充京師大學堂督辦，兼湖北存古學堂提調等官。精鑒金石，妙擅篆籀。有《廣藝舟雙楫論》《漢書藝文志輯略》《中國教育史》等。

　　黃映奎（1855～1929），字日坡，廣東香山縣人。學海堂專科生。清光緒二十七年（1901）歲貢。1909 年粵中舉貢會考，被選送京城任職，未成。

　　黃任恒（？～1934 在世），字秩南，號述窠、信古閣，廣東南海人。著有《述窠雜纂》，中有《遼痕五種》《古譜纂例》《古孝匯傳》《桂考》；《信古閣小叢書》，中有《周易黃氏注》《西漢書舊本考》《南海山水人物古跡記》《新會修志條例》等。又輯注《吳鞠通方歌》《陳修園方歌》《南海學正黃氏家譜》。

　　黃賓虹（1864～1955），名質，字樸存，亦作樸丞，號村岑，別署予向、虹廬，中年更號賓虹，以號行，室名濱虹草堂，祖籍安徽歙縣。工畫山水，上追唐宋，馳縱百家，屢經變革，自成面目。平生遍遊山川，重視寫生，積稿盈萬。中年嚴於用筆，晚年精於用墨。創「五筆七墨」之說。所作山水元氣淋漓，璺華飛動，渾厚華滋，意境深邃。偶作花鳥草蟲，亦奇崛有致。工詩，善書法，兼治金石文字、篆刻，對畫學深有研究。著有《黃山畫家源流考》《虹廬畫談》《古畫微》《中國畫學史大綱》《賓虹詩草》《濱虹草堂藏古璽印》等。

　　黃節（1874～1935），字晦聞，又字玉昆，原名純熙，廣東順德人。詩人。簡朝亮弟子。清末與章太炎、鄧秋枚等人在滬創設國學保存會，刊行《國粹學報》，主筆政，又助鄧秋枚編輯《政藝通報》。辛亥革命後，任廣東高等學堂監督。1916 年後，歷任北京大學教授，廣東省教育廳長，廣東通志館館長。1929年，仍回北大，兼清華研究院導師。疾終於北京。著有《漢魏樂府風箋》《曹子建詩注》及《周秦諸子學》等。

　　黃少牧（1879～1953），名廷榮，一名石，以字行，小名多聞，號問經，又號黃山。所居曰梅花館、取宦況間經，安徽黟縣人。黃士陵牧甫長子。少牧作印，一守父法，形神略具，而挺勁遜之，蓋功力有深淺，與牧甫於膏肓藝術、鍥而不捨者，自不可同日而語。

黃葆戉（1880～1968），字藹農，號破缽，又號鄰谷，別署青山農，齋名有破盋（盋同缽）龕、蔗香館，另有曖廬、檢禁齋、永春堂等。福建長樂人。辛亥革命後任福建省立圖書館館長，福建甲種商業學校教員、監學等。20 年代赴滬，繼黃賓虹、吳待秋後任商務印書館美術部主任 20 餘載，主持歷代及近世書畫名作出版工作，復兼任上海美專國畫系主任、上海大學書畫教授。篆刻初從皖浙兩派入手，後上追秦漢，並博采三代吉金、封泥、磚瓦等文，不染時俗，章法深穩，用刀俊爽，筆趣盎然。著有《曖廬摹印集》行世。

黃嵩年（1884～1942），號嵩羅，字仲琴。廣東海陽縣（今潮安縣）人。清代歷任龍溪縣丞、福建諮詢局議員，民國歷任漳州軍政府教育局局長、中華民國國會議員、龍溪縣甲種商業學校、石溪中學校長，廣東中山大學、嶺南大學教授，香港文化協會委員兼香港福建學校校長。有《嵩園詩草》《湖邊文存》《木棉庵志》。50 歲時輯集《嵩園五十自壽詩唱和冊》，集當時名流詩書畫於其中，成為珍品。

黃元蔚（1885～1929），廣東南海人。清附生。曾赴日本留學，入早稻田大學，畢業回國。歷任吉林撫署三等秘書、二等秘書兼公署副提調，北京政府財政部僉事、駐外財政助理員等職。1925 年 12 月，任財政部次長。1926 年 1 月，任國務院參議。

黃佛頤（1886～1946），字慈博，廣東中山人，藏書家、文獻學家。南社社員，清末拔貢生。喜好收藏文物古籍，對金石文物尤其重視，搜集家譜 40 多種。撰有《廣東宋元明刊本紀略》，記載和考察了閩、蜀、浙、粵等地的刻書源流、規模、發展歷史，總結了各地刻本的刊刻墨印特點及傳承流布情況，是研究我國地方刻書史乃至文化史的必要參考文獻，也是鑒定和收藏古籍版本的重要依據。編纂有《廣州城坊志》《英德縣續志》《黃氏家乘續編》《珠璣巷民南遷記》等。

黃濬（1891～1937），字秋岳，又號哲維，一作哲涯，別號壺舟，福建閩侯人。幼為京師譯學館學生，有詩名。17 歲畢業，任七品小京官。民國後，以文得交梁啟超，梁為財政總長時任秘書。1924 年任國務院參議。後汪兆銘重其才名，召往南京行政院任秘書。後因出賣情報與日本，以漢奸罪處決。《光宣詩壇點將錄》亟稱其詩工力。

黃旭初（1892～1975），廣西容縣人。曾任旅長、師長、軍長，綏靖公署副主任，中將加上將銜。1931 年起，連任廣西省主席 19 年。國民黨中央執行

委員，「總統府」國策顧問。

黃麟書（1893～1999），別號橇園，廣東龍川人。日本中央大學畢業。曾任國民黨廣東省黨部常委兼《廣州國民日報》社長。廣東省政府委員兼教育廳長。領陸軍中將銜。1949 年到香港，任私立珠海大學校長，香港中國文化協會主席。著有《秦皇長城考》《黃麟書九十三自述》《邊塞研究》《唐代詩人塞防思想》及《家學錄》等。

黃居素（1898～1986），廣東嘉應州人。民國時期著名政治家、畫家，青年時期曾隨鄭哲園學習古籍，1927 至 1928 年間，隨黃賓虹學習山水畫，並與黃賓虹及王錫從鄧秋枚處接辦上海神州國光社，成為該社主辦人之一。1925 年由廖仲愷推舉出任香山縣縣長兼任廣州農民部長、中華民國首屆立法委員、廣東省政府委員。1930 年再任中山縣長，成立了模範縣民眾實業公司，黃居素兼第一任總經理。

黃君璧（1898～1991），本名韞之，別名允瑄，號君翁、君璧。廣東番禺人。1919 年畢業於廣東公學，後師從李瑤屏學國畫。1955 年獲第一屆中華文藝獎金美術部門首獎，1968 年獲紐約聖若望大學金質獎章，1971 年獲韓國慶熙大學最高榮譽大學獎章。1960 年巴西國家美術院授以院士銜。擅山水，師承漸江、夏圭，有極深的傳統功底。曾設白雲堂授徒，被尊為「多士師表」。作品長於飛瀑、流泉、風帆、霜林。筆墨氤氳，蒼勁有力，氣勢雄壯。亦能作工筆仕女和花鳥。

黃肇豫（1905～1965），江蘇吳縣人。青年時期在上海交通大學鐵路管理系和稅務學校求學。精書法篆刻，其篆刻風格勇猛、精進，復趨平整，以秦漢為歸，講究章法。

黃文寬（1910～1989），原名言，別名黃岩、黃玄，號隰石道人、隰道人、山石老人、乞巧生，室名萍廬、剛齋、瓦存室、書藏樓、反拙樓。廣東新寧人。早年就讀於廣州法學院，畢業後執業律師，抗戰後期避居澳門。此後，在廣州法學院兼教。曾任廣東省政協委員、廣東省文史館副館長等。以篆刻見長，師從陳慶貰。治印風格恪守傳統法度而融入個人修養和氣質，獨具面目。1935 年與嶺南印壇陳大年、李澤甫等共創天南金石社於廣州。1988 年為嶺南篆刻學會首任會長。編《嶺南小雅集》三卷、《歷代紀事詩選》，著《澳門史鉤沉》等，輯《瓦存室集印》《瓦存室所藏黃牧甫印選》《葉楊胡劉四家印賸》及《南越瓦印佚存》等。

黃彝年（清末民初人，生卒年不詳），山東沂水人，光緒二年（1876）進士。

黃葵石（民國時人，生卒年不詳），原籍廣東臺山人，旅美國歸僑。1915年組織了大業堂，向廣州政府徵得龜崗荒地 1.2 萬多平方米，劃分為龜崗一、二、三、四馬路，經營地皮買賣。在建設的過程中，發現了大量南越國遺址，掀開廣東南越國考古轟轟烈烈的近百年序幕。

黃鼎平（現代人，生卒年不詳），嶺南畫派傳人之一。

黃履思（現代人，生卒年不詳），曾任福建平潭縣知事，主纂《平潭縣志》34 卷。

黃信古（現代人，生卒年不詳），無考。

黃石喬（現代人，生卒年不詳），又名黃喬，廣東人，善篆刻。

黃慕韓（現代人，生卒年不詳），又名黃裔，號劬學齋、黃晚聞堂。是世居廣州西關的著名文物鑒藏家。世居西關十二甫、大同路一帶，收藏宏富，包括歷代碑帖、字畫和善本珍貴圖書、陶瓷、玉器、雕刻等，頗多尤物，名聞遐邇。亦善篆刻。

黃子韶（民國時人，生卒年不詳），收藏家。

黃荔仁（民國時人，生卒年不詳），善篆刻。

黃曉浦（現代人，生卒年不詳），詩人。

黃秪岡（民國時人，生卒年不詳），香港醫師，收藏家。

曹熙宇（1904～1974），字靖陶、惆生，號看雲樓主人，安徽歙縣人。晚年居江蘇昆山。善詩，工書法，富收藏。與黃賓虹同學，又與郁達夫、張大千、林散之等人相友善，張大千曾為曹熙宇繪《昆明泛豔圖》，記錄曹氏與京劇名伶新豔秋泛舟頤和園的一段往事。著《看雲樓詩集》《音樂戲曲舞蹈人名辭典》等。

曹婉真（現代人，生卒年不詳），收藏家。

盛炳緯（1855～1930），字省傳，又字養園，寧波人。10 餘歲時肄業於國子監，清光緒六年（1880）進士，選庶吉士，授翰林院編修。1885 年提督四川學政。1891 年任江西學政，繼又兼江西鄉試監官，勉勵諸生研究經史，調各縣高材生一百餘人入省城經訓書院肄業，捐贈藏書萬卷。

國分青崖（1857～1944），名高胤。字子美。號青香、青崖。別號太白山人。近代日本漢詩人。

許樹枌（1861～1941），號情荃，又號白也，別號江東說劍生，晚號畫隱老人。光緒十一年（1885）中秀才，光緒二十年（1894）補廩生。工文史，善詩書畫。光緒二十八年（1902），如皋師範學堂創立，被聘為學監，兼授國文、歷史、圖畫等。著有《讀五千年未見書叢談》《歷史講義》《畫隱園文賦詩詞抄》《養蜂答問》《怡情小識》《浙遊日記》《課孫邇言》《劫餘吟》等。

許承堯（1874～1946），曾單名芚，字際唐、芚公、婆娑翰林，室名眠琴別圃、晉魏隋唐四十卷寫經樓等，徽州歙縣人。近現代方志學家、詩人、書法家、文物鑒賞家。光緒三十年（1904）進士，入翰林。辛亥革命後，應皖督柏文蔚聘，任全省鐵路督辦等職，後隨甘肅督軍張廣建入隴，任甘肅省府秘書長、甘涼道尹、蘭州道尹、省政務廳長等職。1924 年辭官回京，同年由京返歙，從此絕跡仕途，在家鄉以著述終老，著有《歙縣志》《歙故》等。

許之衡（1877～1935），字守白，號飲流、曲隱道人，別署守白氏、冷道人，室名飲流齋主人，自號飲流齋主人，外號餘桃公。廣東番禺人。1903 年歲貢生。曾畢業於日本明治大學。歷任北京大學國文系教授兼研究所國學門導師、北京師範大學講師。對中國古典詞曲聲律頗有研究。周作人記其逸事云：「看他模樣是個老學究，可是打扮卻有點特別，穿了一套西服，推光和尚頭，腦門上留下手掌大的一片頭髮，狀如桃子，長約四五分，不知是何取義，有好挖苦人的便送給他一個綽號，叫做『餘桃公』。」精詞曲，亦擅刻印。著有《中國音樂小史》《曲律易知》《聲律學講義》《曲史講義》《曲律易知》《守白詞》《飲流齋說瓷》等。

許晉祁（現代人，生卒年不詳），廣西桂林人。光緒十六年（1890）進士、翰林，詩人。

許士麒（民國時人，生卒年不詳），畫家。《南方週末》首頁曾刊載一張圖片，1934 年 4 月，嶺南畫派畫家高劍父在江蘇南京舉辦個人畫展，高劍父與各界名流合影，有汪亞塵、楊縵華、榮君立、徐悲鴻、陳樹人、王祺、許士麒等人。

章壽康（1850～1906），原名貞，字碩卿，浙江會稽人。好藏書、刻書、治史，其藏書樓為式訓堂、小石山房，收藏精槧秘本、金石、書畫極富，所藏無慮數十萬卷。著有《式訓堂續藏書目》一冊，收錄的是光緒五年以後的藏書，家藏書目未見。喜刻書，刊有《式訓堂叢書》3 集 24 冊，收書 41 種。藏書印有「石卿章氏」等。

　　章太炎（1869～1936），字枚叔，一作梅叔，號太炎。初名學乘，更名絳，室名菿漢閣、膏蘭室等，浙江餘杭人。早歲入詁經精舍，從俞樾學經史。此後，加入強學會，投身戊戌變法。任上海《時務報》撰述，又應聘充任張之洞幕僚，於武昌辦《正學報》。變法失敗，避禍臺灣，亡命日本，結識孫中山。1902 年發起中夏亡國紀念會。又在上海與蔡元培等設立愛國學社，繼又成立光復會，發表《駁康有為論革命書》於《蘇報》，並為鄒容《革命軍》作序。《蘇報》案發，入獄三年。1906 年出獄後，為孫中山派人接往日本，參加同盟會，主編《民報》。南京臨時政府成立，任總統府樞密顧問。二次革命中參加討袁，後為袁禁錮。1917 年出任護法軍政府秘書長。五四運動後，提倡復古，其後又反對國共合作。「九一八」事變後，主張抗日。先後主編《華國》和《制言》雜誌，創辦章氏國學講習所。為中國民主革命先行者之一和近代國學大師。有《章氏叢書》《續編》《三編》等。

　　章珠垣（清末人，生卒年不詳），擅古琴學。

　　章硯舫（現代人，生卒年不詳），詩人。

　　康有為（1858～1927），字廣廈，應試用名祖詒，號長素，戊戌變法失敗後改號更生，參預復辟失敗後又改更甡、別號天游居士等，晚號遊存老人，廣東南海人。早歲受業於名儒朱九江。1888 年赴京應試，上書光緒帝，建議變法圖存，未能上達。後在廣州設立萬木草堂講學。1895 年偕弟子梁啟超赴京會試，時將簽訂《馬關條約》，遂與梁啟超會同在京應試舉人 1300 多名，上書要求拒約、遷都抗戰、變法圖強，史稱「公車上書」。同年中進士，授工部主事，未就。在京創辦《中外紀聞》，組織強學會，復在上海設立分會，出版《強學報》。1898 年在京成立保國會，得光緒帝召見，授為總理衙門章京，促成百日維新。變法失敗後，逃亡日本。後組織保皇會，對抗孫中山的民主革命。辛亥革命後，由日本回國，在上海主編《不忍》雜誌，宣揚尊孔復辟。1917 年和張勳策劃清帝復辟。後告失敗。病逝於青島。著有《新學偽經考》《孔子改制考》《大同書》《戊戌奏稿》等。

　　康天如（現代人，生卒年不詳），舉孝廉，香港人。

　　商承祚（1902～1991），字錫永，號契齋，齋名有決定不移軒、古先齋。滿洲漢旗，入粵久，遂寄籍廣東番禺。年十九，赴天津師事羅振玉習古文字。呈《殷墟文字類編》15 卷，羅氏見而悅之，囑送王國維審正，名遂播於學海。隨入北京大學國學門為研究生，未卒業，東南大學聘為講師。後金陵大學改聘

為教授，兼中國文化研究所研究員。四年間，先後成《福氏所藏甲骨文字》《殷契佚存》《十二家吉金圖錄》《渾源彝器圖》四種。後期著作，主要有《長沙出土漆器圖錄》《石刻篆文編》二冊，《商承祚篆隸冊》《商承祚秦隸冊》。篆刻雖璽印兩式兼作，以古璽見長，得於彝銘及陶璽之融會變化也。

梁垣光（1835～1903？），字星堂、惺塘、景和，號翰墨清淡館主，又號同古居士，室名同古齋、翰墨清談館、篆窩、苔岑味永屋，廣東三水人。工裝池，善吟詠。擅篆刻，尤工刻玉印。其刻印或仿漢元，或師法丁、黃，偶亦仿徐三庚之體，不宗一家，以刻小字印名於時。年六十尚能於半寸方印刻百四十餘字。以鬻印為生。治石之外，復精治銅、治玉及瓷、竹根、橄欖核等之屬。輯自刻印成《星堂印存》（鈐印剪貼本），63歲時又輯自刻印成《梁星堂印存》。

梁鼎芬（1859～1919），字星海，一字心海，又字烈，號節庵，別號多達數十個，廣東番禺人。光緒六年進士，任編修。中法戰爭時，曾彈劾李鴻章，被以妄劾罪，降為太常寺司樂。27歲罷歸，歷任豐湖、端溪書院院長。張之洞督粵時，設廣雅書局，被聘為首任院長。張調兩江，復主鍾山書院。又隨張還部，參幕府事。後任湖北布政使等官。康有為在滬設強學會，他參議章程。後為汪康年延為《昌言報》主筆。梁氏掌教各書院時，注重書院藏書。著有詩文集外，輯有《端溪叢書》《經學文鈔》等。

梁鸞琚（1876～1947），字芝生、紫笙，廣東南海人。與康有為同學於朱九江先生之門，光緒年間秀才，曾掌花縣縣政。工書法，變化魏隸書而自成一體。間寫竹，蕭疏有致。為國畫研究會會員。

梁鴻志（1882～1946），字眾異，別號無畏，晚號迂叟，室名爰居閣、三十三宋齋，又署三十三宋齋主。祖籍福建長樂。光緒二十九年（1903）舉人。京師大學堂畢業。歷任山東登萊高膠道尹公署科長，奉天優級師範學堂教員，後入學部任職。民國成立，任職於國務院，並兼《亞細亞日報》編輯。旋投靠皖系軍閥段祺瑞，為安福系骨幹，曾任安福國會參議院秘書長，段祺瑞執政府秘書長。抗日戰爭時期，和陳錦濤、陳策等人在南京成立偽維新政府，任行政院院長。1940年任汪偽政權的監察院長。抗戰勝利後，被國民政府以漢奸罪逮捕，1946年被處決。著有《爰居閣詩集》《入獄集》《待死集》等。

梁紹章（清末民初人，生卒年不詳），字伯常，廣東順德人，餘無考。

梁志文（清末人，生卒年不詳），號伯尹，廣東南海人。光緒二十年進士，

宣統年任吏部主事。

梁于渭（？～1913），字鴻飛，又字杭叔、杭雪，廣東番禺人，陳澧學生。光緒十五年（1889）進士。喜畫花卉，晚嗜山水，法元人，意境宕逸。博學多能，尤好金石，藏六朝至唐、宋碑誌千餘種，蓄古錢造像甚夥。工篆刻。為人自負，諸事不諧，鬱不得志。因患心疾不能成家。後告歸居南海學宮孝悌祠，賣畫自給，每畫鈐有「下第狀元」印。卒以狂死。遺著《麟枕簿》。

梁子芹（民國時人，生卒年不詳），廣州人，畫家。皇瑪抱趣 2017 夏季拍賣會有「衛君友筠先寫白菊花，譚雲波繼繪珊瑚蘭，李瑤屏桂花，劉玉笙野菊，容仲生緋桃，車萼仙麗春，黃鼎平夜合，程竹韻、瑪瑙菊、尹迪雲山茶，凌霄漢蘭，梁子芹」合作花卉畫拍賣。

梁定慧（現代人，生卒年不詳），擅花道。

梁昭武（現代人，生卒年不詳），廣東番禺人。

符翁（1840～1902），字梓琴，一字子琴，號石叟，別署朋石子、蔬筍居士，室名蔬筍館，湖南衡陽人。書畫篆刻家。畫學徐渭，久官廣東，北遊京師。以書、畫、印名重一時。著有《陽山叢牘》《拙吏臆說》《金石考》《蔬筍館詩稿》《蔬筍館印存》等。

張之洞（1837～1909），字孝達，號香濤，直隸南皮人。同治二年（1863）探花，授翰林院編修，歷任教習、侍讀、侍講、內閣學士、山西巡撫、兩廣總督、湖廣總督、兩江總督、軍機大臣等職，官至體仁閣大學士。洋務派的主要代表人物。創辦了自強學堂、三江師範學堂、湖北農務學堂、湖北武昌蒙養院、湖北工藝學堂、慈恩學堂、廣雅書院等。創辦漢陽鐵廠、大冶鐵礦、湖北槍炮廠等。八國聯軍入侵時，大沽炮臺失守，張之洞會同兩江總督劉坤一與駐上海各國領事議訂「東南互保」。光緒三十四年（1908）11 月，以顧命重臣晉太子太保，次年病卒，諡文襄。有《張文襄公全集》。張之洞與曾國藩、李鴻章、左宗棠並稱「晚清中興四大名臣」。

張蔭垣（1837～1900），字皓巒，號樵野（一作字），別號紅棉老人、紅棉館主，室名鐵畫樓、紅棉館、百石齋、百石山房，廣東南海人。納資為知縣，數薦至道員。1882 年任按察使、總理各國事務衙門大臣。1885 年出使美、西、秘三國，辦理華工被害各案交涉事宜。1889 年召回，仍入總署。1897 年，又出使英、美、法、德、俄諸國。官至戶部侍郎。戊戌變法時受命管理京師礦務、鐵路總局。政變後革職流戍新疆，後被殺。張氏早年粗識字，中歲始力學，駢

散文詩皆卓然成家，畫山水亦超逸。著有《三洲日記》《英軺日記》《荷戈集》等。匯刊為《鐵畫樓全集》。另有《西學富強叢書》。

張人駿（1846～1927），字健庵，又字千里，號安圃，任山西巡撫，河南巡撫。1907 年任兩廣總督。1909 年改兩江總督。1911 年，武昌起義，曾阻止浙江、上海、蘇州等地革命，並同鐵良、張勳遏阻徐紹楨之第九鎮新軍策應。12 月 1 日，江浙聯軍向南京進攻時渡江逃走。後不詳。

張廷燎（1846～1924），字光宇，號蓮衢，舞陽人。同治十三年（1874）進士，改庶吉士。歷任陝西道監察御史，兩廣布政史。

張仁黼（1848～1908），又名世恩，字少玉，又字劭予，河南固始人。光緒二年進士。授編修。歷官兵部右侍郎、學部左侍郎、工部右侍郎、法部右侍郎、大理院正卿、吏部右侍郎。生前參與預備立憲事宜。

張佩綸（1848～1903），字幼樵，字繩庵、繩叔、繩齋，號蕢齋，室名潤于草堂、內雪堂、鷗園、馴鷗園、蘭駢信、藤陰館，直隸人。同治十年（1871）進士，授翰林院侍講，署日講起居注官。後入李鴻章幕，又後署任左副都御史，以彈劾大臣而聞名。中法戰爭初起，力主抗戰，以三品卿銜會辦福建海防事宜，兼署船政大臣。法軍艦隊侵入馬尾港後，不加戒備，致使福建水師覆滅，被奪職流放張家口。甲午戰爭期間，被彈劾干預公事。著有《澗于集》《澗于日記》等。

張可中（？～1917 前後在世），號庸庵、趨庭、印癡，室名天籟閣、清寧館，河北灤陽人。著有《庸庵遺集》《趨庭隨錄·別錄》《天籟閣諧鈔·談小說·雜著·集方》《詩存·詩話》《清寧館古泉叢話·治印雜說》，統名《庸庵遺集》，刻附於《寄寄山房叢鈔》。

張開儒（1869～1935），字藻林、蘇林，雲南省巧家縣人。辛亥革命元老、護國名將。1904 年，赴日本陸軍士官學校留學，1905 年加入中國同盟會。1908 年畢業歸國，任雲南講武堂教官和提調。1911 年昆明重九起義，率領講武堂學生開城門迎起義軍。1917 年任中華民國軍政府陸軍部總長兼靖國軍第五軍軍長。1918 年 5 月被唐繼堯撤職。1920 年任護法滇軍總司令，遭陳炯明襲擊解除武裝。1921 年孫中山委為雲南北伐軍副總司令，1923 年 4 月任大本營參謀長、大本營參軍長、雲南省政府高級顧問。

張繼（1882～1947），原名溥，改名繼，字溥泉，又別署黃帝子孫之一個人（存疑）、黃帝子孫之多數人，筆名讐，直隸滄縣人。1899 年留學日本，先

後入東京善鄰書院和早稻田大學。1902 年與秦毓鎏等組織青年會，得識孫中山。次年因與鄒容等剪去留學生監督姚文甫髮辮，被逐歸國。到上海後任《蘇報》參議。蘇報案後，與章士釗等續辦《國民日報》。1904 年赴長沙，任明德學校教習，與黃興等創立華興會，次年在日本參加組織同盟會，任本部司法部判事，兼《民報》編輯人和發行人。1908 年赴法國，與李石曾等創辦《新世紀》雜誌。辛亥革命後回國，任同盟會交際部主任兼河北支部長、國民黨參議、第一屆參議院議長，後參加二次革命與護法運動。1924 年國民黨第一次代表會，選為中央監委。不久，反對三大革命政策，支持西山會議派。之後，歷任國民政府司法院副院長、北平政治分會主席、中央監委、國民黨華北辦事處主任、國民黨史料編纂委員會主任委員及國史館館長等職。有《張溥泉先生全集》。早年還參加南社，擅書法。

張一麐（1867～1943），亦作一麟，幼名卯生，字仲仁，初字崢角，號公紱、居傭、民傭，別號大園居士、江東阿斗，室名心太平室、古紅梅閣，又自署心太平室主人，江蘇吳縣人，詩人。19 歲中順天鄉試舉人，光緒二十九年錄取經濟特科，入直隸總督袁世凱幕。1908 年解職返鄉，籌建圖書館，後入浙撫增韞幕。辛亥革命後，任政事堂機要局局長、總統府秘書長、教育總長。後往重慶，任國民參政員。嗣又居香港，與許地山宣導新文字。著有《心太平室集》《古紅梅閣筆記》《現代兵事集》《五十年來國事叢談》《泰山詩畫遊記冊》。

張榮培（1872～1947），字蟄公，號鐵瘦，江蘇長洲縣人，晚居上海。詩人、書畫家，楹聯家。

張競生（1888～1970），原名張江流、張公室，廣東饒平人。二十世紀二三十年代中國思想文化界的風雲人物，是哲學家、美學家、性學家、文學家和教育家。昔年加入同盟會，被孫中山委任為南方議和團首席秘書，參與南北議和談判。民國第一批留洋（法國）博士，1921 至 1926 年任北京大學哲學系教授。三四十年代在粵東山區開公路、育苗圃、辦農校，開展了轟轟烈烈的「鄉村建設運動」，時有「南張北梁」（北方是梁漱溟）之稱。率先提出計劃生育，首倡愛情大討論，徵集出版《性史》，毀譽參半。生平著述與譯作甚豐。有《浮生漫談——張競生隨筆選》《美的人生觀——張競生美學文選》等。

張傾城（1891～1954），名洛，易名傾城，廣西合浦人。蔡守妻。工繪事，

精拓金石全形，偶治印。

張景遯（1892～1953），字諟齋，一字士僑，學名張褆僑，因排行第四，習慣稱呼四郎（朗），江蘇武進人。工詩文。

張志魚（1893～1961），又作張志漁，字瘦梅，號通玄、寄斯盦主，室名寄斯盦，北京人。善書畫、治印。精於竹刻，縮刻名人書畫於竹刻扇骨上，不失原作精神。曾刻扇骨八千餘柄，造詣極深，是近代北京刻竹第一高手。獨創沙地留青皮雕法，所作以花卉為多。曾任國立藝術學校篆刻講師。1953 年聘為上海市文史館館員。

張虹（1894～1965），字谷雛，號申齊，廣東順德人。與高劍父遊歷杭州山水。繼而居廬山，所繪《廬山景色山水冊》融匯南北各畫派風格。先後參加癸亥合作畫社、國畫研究會。所藏三國、隋唐五代、宋金元明清名家書畫、佛像、經卷、玉石等頗豐，系統獨備。著有《元畫綜》《砂壺圖考》《古玉考釋》等。

張任民（1898～1985），廣西馬平人，桂系軍官，與新桂系三頭中第二位之黃紹竑關係密切。早年就讀於廣西陸軍小學、武昌陸軍中學、保定軍官學校，曾參加辛亥革命、護國戰爭、北伐、抗戰，任廣西討賊軍總參議、國民革命軍第七軍總參議、第五戰區軍法執行監兼任第五戰區青年軍團副團長兼教育長、廣西綏靖公署參謀長、國民黨行憲國民政府第一屆立法委員等職。

張乃驥（1899～1948），字叔馴，號齊齋，張石銘七子，南潯人，古錢幣收藏家。《古泉雜誌》第一期目錄載「《張叔馴齊齋泉乘》一頁」。此文及下文均引《張叔馴齊齋泉乘》校對。

張次溪（1909～1968），別署張四都，廣東東莞人，我國著名史學家、方志學家。少時，隨父母在京生活。1923 年考入世界語專門學校，不久入孔教大學，獲文學士學位。曾先後應聘為《丙寅雜誌》編輯、北京《民國日報》副刊編輯。1928 年冬赴天津，任職河北高等法院兼《民報》編輯。1929 年，章太炎等組織國學會，張被舉為理事。1930 年 12 月，應國立北平研究院歷史學會聘任，調查北平風土，專事纂修《北平志》。編著有《北平志》稿、《北平歲時志》《北平天橋志》《北平廟宇碑刻目錄》《陶然亭小記》《燕都梨園史料》《京津風土叢書》《江蘇通志》《清代學人年鑒》《齊白石自述》和《莞鄉煙水錄》。一生有 240 種著述。其著述涉及北京的政治、經濟、文化等諸多方面。在他已發表之著作和遺稿中，有記社會名流康有為、譚嗣同、孫中山、詹天佑、李大

釗、林白水、沈南野、齊白石的，有寫京劇表演藝術家、戲園、戲校、班社等戲曲方面的，又及石玉昆、雲裏飛及曲藝史等曲藝方面的，有寫商販、廟會等商業方面的，有記街市名物方面的，有寫方言、俗語、諺語、聯語等語言方面的，有記飲食方面的，有寫傳說故事、童話、信仰、禁忌、歲時節令、技藝、工藝的，有以他主編的《辛亥革命歷史資料》等。周作人等為《京津風土叢書》寫序，顧頡剛為《北平史跡叢書》題簽。

張丹斧（現代人，生卒年不詳），民國時人，餘無考。

張光蕙（生卒年不詳），字稚蘭，一字蘊香，號琅姑，別號心瓊，四川營山人。南社社員。幼承庭訓，嗜讀書，工於詩文，詩風清麗流暢。妹光萱（字稚香），弟光翩，均隸南社。一說光蕙、光萱為廣東人，無其弟光翩。存考。

張朏（yuè）（現代人，生卒年不詳），字瘦梅，北京人。

張頌堯（現代人，生卒年不詳），廣東番禺人。

張豫泉（現代人，生卒年不詳），詩人。

張仲球（民國時人，生卒年不詳），廣東南海人，曾與其侄觀本在澳門創設《原生學堂》。

張可（民國時人，生卒年不詳），蔡守夫人張傾城姐，廣西合浦人，工篆隸，善鐵筆。蔡守云「見葉葉舟《廣印人傳》」，今查《廣印人傳》《嶺南印人錄》均無。

張漢宗（民國時人，生卒年不詳），字曲度，國學會廣東分會副主任。

張友人（現代人，生卒年不詳），瀋陽人，詩人。

張翩丹（民國時人，生卒年不詳），詩人。

張遜之（現代人，生卒年不詳），廣東大埔人，餘不詳。

張厚璜（民國時人，生卒年不詳），河北南皮人，民國時期考古工作者，餘無考。

張齡（現代人，生卒年不詳），字起儒，江蘇常州人。

崔師貫（1871～1941），原名景無，字伯越、今嬰，廣東南海人。工詩詞。曾任汕頭商業學校校長及香港大學文科講師。有《月白詞》《北村類稿》等著作。

崇綺（1829～1900），字文山，阿魯特氏，原隸蒙古正藍旗，升隸滿洲鑲黃旗。清代唯一一位旗人狀元。同父異母妹妹即恭肅皇貴妃，女兒即孝哲毅皇

后。同治四年狀元。遷侍講，以女為后，封三等承恩公，光緒間歷任吏部尚書、禮部尚書，與徐桐同為大阿哥溥儁師傅。八國聯軍入京時，隨榮祿走保定，自縊死。諡文節。

十二畫：董 萬 葉 項 閔 童 廉 湯 曾 喬 程 傅 鄒 舒 費 馮

董康（1867～1947），字授經，號誦芬主人，江蘇常州府武進人。作為中國近代著名的藏書家、法律家、大律師，從清末到抗戰爆發前，董康從事立法、司法和法學研究工作長達 40 餘年，直接參與了刑法、民法、訴訟法、監獄法等基本法律的起草、修訂、理論闡釋和學術研究工作，親身經歷了近代司法變革的歷史過程，對中國傳統法律和法制近代化過程中的諸多問題都有著獨到而深刻的見解和主張。可以說，董康的經歷，真實反映了中國法制近代化早期的發展歷程。其中，董康最突出的貢獻在於刑事法制和監獄法制改革兩個方面。

董玉書（1869～1952），字逸滄，晚號拙修老人，齋名拙修草堂、寒松庵。江都（今揚州）人。拔貢，以詩名，亦善書法。歷任天長、霍丘縣縣令。著有《寒松庵詩集》、《蕪城懷舊錄》三卷、《蒙國紀聞》一卷、《寶昌雜錄》一卷。

萬繩栻（？～1940 前），字貢雨，江西南昌人。張勳復辟時，與胡嗣瑗同授內閣閣丞。

萬靈葇（1907～1975），字瑞葇，浙江瑞安人。易均室之妻，精金石文物鑒賞，善槌拓。

葉德輝（1864～1927），字煥彬，一字奐份、奐彬，號直山、直心、直水、西園、郋園、漁水，又署朱亭山民、空靈漁隱、麗廔主人，小名慶，綽號葉麻子，亦稱葉麻，室名雙楳景閣、雙梅影閣、觀古堂、麗廔、周情孔思室、無尚齋、夢篆樓，湖南長沙人。光緒十八年（1892）進士，官吏部主事。不久棄官回里，以著述、藏書為事，所藏多達二十餘萬卷，為著名藏書家和目錄版本學家。1927 年被農民革命殺害。據記載「葉德輝頭戴高帽，頸插斬標，由造反派押著，來到湖南省懲治土豪劣紳特別法庭會場。主審者郭亮，中共湖南省委負責人，公審結束，郭亮奪過筆來，自己點紅，並在判決書上批『立斬』二字。接著，造反派押著葉德輝遊街示眾，前面有人引他伸脖子，行刑者趁勢大力一

刀」，於是人頭落地。著有《郋園北遊文存・讀書志》《觀古堂藏書目・叢刻・文錄・駢麗》《麗廔叢書》，輯有《雙楳景闇叢書》等。死後其子為刻《叢書》126 種。

葉期（？～1914），字退盦（退庵），以字行，廣東南海人。工八分書，治印酷似徐三庚，專攻浙派，冷峭雋永。

葉銘（1867～1948），字盤新，又字品三，號葉舟，所居曰鐵華盦，原籍新州。少善篆隸，十餘歲即工鐵筆，初宗西泠諸家，後溯周秦兩漢，於古璽、漢鑄印、鑿印、玉印及宋元朱文印，皆功力深邃。有《列仙印翫》，乃為其母六十壽祝嘏者，遍刻傳說中仙人名，以不同體式鐫石，蔚然可觀。有《鐵華盦印集》。光緒三十年（1904）與丁仁、吳隱、王禔等創立西泠印社，纂《西泠印社小志》《廣印人傳》《金石家傳略》《葉氏印譜存目》《歙縣金石志》等。

葉次周（1875～1952），名佩瑜，廣東番禺人，葉恭綽堂叔。擅辭章，詩近王漁洋。性嗜酒，好藏石。曾任教香港漢文中學及漢文師範多年，是嶺南地區著名詩人和書法家，後任香港孔教學院副院長。

葉潁漁（1880～1933），字鑌虹，又號汪漁、玉森，江蘇丹徒人。滿族。清優貢。歷宰安徽滁縣、穎上、當塗諸邑。為興中會會員，南社社員。後任上海交通銀行總管理處秘書長。著有《春冰詞》《桃渡詞》《櫻海詞》《戊午春詞》《說契》《殷契鉤沉》《殷虛書契前後編集釋》《挈契枝譚》《鐵雲藏龜拾遺》附考釋等。

葉恭綽（1881～1968），字裕甫、玉甫，又作玉父、玉虎、譽虎，號遐庵，晚號遐翁，別號矩園、觀一居士，室名網極庵，廣東番禺人。清末京師大學堂畢業。歷任郵傳部路政司主事、承政廳廳長、代理鐵路總局局長等職。入民國後，歷任路政司長、交通部次長、郵政總局局長、交通總長，兼理交通銀行、交通大學。1923 年出任廣東政府財政部長，次年又任北京交通總長。後與朱祖謀等結「詞社」，與龍榆生創刊《詞學季刊》。1931 年一度出任鐵道部長。之後從事文化工作，輯刊《廣東叢書》等。新中國成立後，任中央人民政府政務院文化委員、中國佛教協會理事及全國政協委員、常委等職。有《近五十年以來的中國交通》《葉遐庵先生書畫選集》及輯《全清詞鈔》等。

葉楚傖（1887～1946），原名宗源，以號楚傖行，江蘇吳縣人。早年肄業南潯潯溪公學。後曾主持汕頭《中華新報》，1909 年先後參加同盟會和南社。武昌起義後，參加北伐軍（總司令姚雨平領導的粵軍）。南北議和後，在上海

創辦《太平洋報》，後又與于右任、戴季陶、邵力子等先後創辦《民立報》《民呼報》《民國日報》等。1924 年被選為國民黨第一屆中執委，任宣傳部部長。以後歷任國民黨上海執行部青年部長、婦女部長、廣州中央政治會議秘書長、江蘇省政府委員兼主席、約法起草委員、國民政府委員、中央宣傳委員會主任委員、立法院副院長等職。著有《吳歌詮注》《落花夢傳奇》《溫生才傳奇》《龜年清話》《建國戰記》《壬癸風花夢》《天聲心語》等。

葉潞淵（1907～1994），原名豐，字仲子，又字潞淵，以字行，別署露園、寒碧主人，晚號露園園丁、石林後人、老葉、潞翁、葉老，書齋曰靜樂簃、寒碧居、春在樓外、石林精舍、刊印石林、小石林，江蘇吳縣人。治印初宗浙派，尤酷嗜陳曼生，後取法古璽漢印，旁及皖派，並博涉商周金文、兩漢碑額、鏡銘、泉幣、封泥、磚瓦等文字意趣，兼取眾妙，融會貫通，自成體貌。有《靜樂簃印稿》《葉潞淵印存》，與錢君匋合著之《中國璽印源流》等。

葉大濤（現代人，生卒年不詳），字海谷，南社社員，餘無考。

葉美蓮（民國時人，生卒年不詳），詩人。

葉美蘭（民國時人，生卒年不詳），詩人。

葉敬常（民國時人，生卒年不詳），字競民，號夢廬，廣東順德人。南社社員。

項驤（現 1880～1944），字傳臣，號微塵，浙江瑞安人。清末進士。早歲就讀瑞安方言館，清光緒二十七年（1901），考入上海南洋公學。二十九年（1903）冬，南洋公學發生罷課風潮，轉入震旦學院，與蔡守同學。三十一年，在族叔項湘藻資助下赴美國哥倫比亞大學深造，獲政治經濟學碩士學位。宣統元年（1909），清廷舉辦留學生考試，次年殿試，得第一名，譽為「洋狀元」，授翰林編修、參議廳行走。1912 年，任財政部首席參事。1913 年 10 月，歸自柏林。1917 年，出席上海修改海關稅則會議。1923 年，任財政部次長，兼理部務和鹽務署稽核總辦。任內擬訂金本位制，參加國際關稅會議，力爭關稅自主；掌握財政收支，總攬全國鹽務，清廉自持，公私分明，受到各界讚譽。1924 年 10 月，直系將領馮玉祥發動北京政變，囚禁賄選總統曹錕，次年嚴格檢查全國財務，項驤所管鹽務井然不紊，同年 11 月解職回鄉，以詩文自娛，閒居上海。1932 年武漢洪水為災，因和美國總統胡佛同學，代各界致電呼籲賑濟。1936 年 10 月，馬君武南遊雁蕩，道經永嘉，驤聞訊來謁，並出其《浴日樓詩文稿》請序。次年抗戰爆發，在瑞安參加抗敵後援會。譯作有《布爾什維克主

義》。

閔爾昌（1872～1948），字葆之，號復翁，別署雷塘、黃山，室名雲海樓，自號雲海樓主，江蘇江都人。曾在袁世凱幕府多年，與袁克文交深。曾執教北京輔仁大學，1923 年編成《碑傳集補》60 卷。工詩、古文辭，著有《雷塘詞》《雲海樓詩詞存》等。另著有《江子屏年譜》《王石臞年譜》《王伯申年譜》《五續疑年譜》等多種。

童益臨（1879～1962），字季樵，號汝川，安徽望江縣人。民國元年任直隸都督府秘書、司法部秘書兼總檢察廳書記官。民國三年任閩侯縣知縣。民國四年任內務部顧問，民國六年任津浦鐵路天津總務處長。民國十一年任北京繕後會議籌備處高等顧問、國民政府行政院高等顧問，並當選為安徽省國民議會議員。「九一八」事變後回皖，任蕪湖萬頃湖地方專員辦事處秘書。民國二十一年任安徽省第六區行政督察專員公署機要秘書兼理泗縣司法及保安司令部軍政處法官。

童大年（1874，一作 1877～1955），原名暠，字幼來，號心龕，別署印童、醒盦、心安、惺堪、性涵、恂諝、省葊，多以諧聲出之，所居曰安居、依古廬、雷峰片石草廬，又號金鼇十二峰松下第五童子，江蘇崇明人。幼承家學，七齡即習篆刻，深通六一義，輯《依古編》。中年以後，銳意購藏古物，舉凡鼎彝泉鏡陶石磚瓦，靡不羅致，欲於三代秦漢古文奇字中自創面目，故其印渾厚樸茂，金石氣韻盎然。於古璽及漢鑿印尤有過人處。西泠印社中堅分子之一。有《依古廬篆痕》《童子雕篆》及《現代篆刻第八集‧童大年專集》。

廉泉（1868～1932），字南湖，號岫雲、惠卿、惠清、惠和，別號岫雲山人，室名帆影樓（吳芝瑛著有《帆影樓紀事》）、小萬柳堂，又號帆影樓主、小萬柳堂主人，江蘇無錫人。16 歲中秀才，19 歲與安徽桐城吳芝瑛結婚。光緒二十年（1894）舉人。翌年在京會試時參與康有為的「公車上書」。精詩文，善書法，嗜書畫、金石。又創辦上海文明書局，編印教科書，率先應用珂羅版印刷工藝。著有《南湖東遊草》《南湖集古詩》《小萬柳堂叢刊》等。妻吳芝瑛，字紫英，室名小萬柳堂（與夫廉泉共用）、帆影樓、悲秋閣（為紀念秋瑾而建）。吳汝綸侄女。工詩文，善書法。秋瑾遇難後，與徐自華在杭州西湖買地埋葬，由徐撰寫墓表，她手書勒石。復為秋瑾作傳。

湯石予（民國時人，生卒年不詳），江蘇昆山蓬閬鎮人，蓬閬鎮一直以歷史上的「閬」字沿襲使用。20 世紀 80 年代後改稱蓬朗鎮，現鎮上還保留有石

予命名的路。

湯滌（現 1878～1948），字定之，小字丁子，號樂孫，亦號太平湖客、雙於道人、琴隱後人，室名畫梅樓、茗閑堂。江蘇武進人。幼年失怙，生活清貧，隨母習學，年未弱冠而書畫皆通。中年長居北京，與蕭遜、王雲同是民國年間北京畫壇的重要畫家。山水學李流芳，峻爽流暢、氣韻清幽；又善墨梅、竹、蘭、松、柏，用筆古雅。平時作畫極速，幅之作，一氣呵成，正所謂胸有丘壑，意在筆先，靜極而動，豈不快哉。畫畢則張諸壁間，手持水煙且觀且吸，略有不爽即自撕去，不肯苟且，故傳世之畫必無過弱之作。所作淺絳山水為其畫中精品。書法初工北碑，後攻漢隸，見重於時，隸、行並佳，題畫字與畫筆相調和。

湯安（現 1887～1967），字臨澤，別署鄰石、陵石、叩（音鄰）石。祖籍浙江嘉興。專以搜集破舊犀角杯以改製為沈石田、祝枝山、唐伯虎、文三橋等印章，凡在珂羅版書畫冊中得見者，無一不如式仿製，而裂紋、缺蝕，尤為逼真，古色斑斕，計 80 方，真偽雜糅。曾任暨南大學中國美術史講席、故宮博物院金石書畫鑒定委員會專門委員。著有《石鼓文句釋》《中國文字組織法發微舉例》《二泉山館雜掇》《萬華閣刻印》等。

湯俵背（民國時人，生卒年不詳），當時廣州為蔡守裱字畫的裱畫匠，安徽人。

湯今頏（民國時人，生卒年無考），女詞人，善篆刻。

曾墨躬（1883～1961），又名思道，字墨公，號苦行者、默居士，晚年又號大荒老人，齋號噉齋，四川成都人。中醫師。於詩文、書法、篆刻、繪畫、醫術、鑒賞無一不精，而以篆刻為最。齊白石曾有評語：「今之刻印者，唯有曾默躬刪除古人一切習氣而自立……成都曾默躬為余神交友。」

曾經（民國時人，生卒年無考），字剛父，廣東揭陽人。

曾傳軺（清末民初人，生卒年不詳），室名越華館。廣東新會人。考古學家，善詩詞。有《南越朝臺考》《曾傳軺遺稿》一卷。

喬大壯（1892～1948），本名曾劬，以字行，亦字壯殹，別署伯戢、勞庵、橋瘁、瘁翁、波外翁等，所居曰波外樓、戢翼齋、酒悲亭、永夕室，四陽人。治印始自 1916 年，四十以前多不留稿，逝世後友人輯其遺刻 560 石成《喬大壯印蛻》二冊，所作之印，以得於牧甫之銛銳挺拔為多，亦博涉璽印、封泥，時有豪雄之致。徐悲鴻於 1935 年聘之為中央大學藝術系教授，

講授印藝。

程景宣（1864～1934），字竹韻，號龍湖叟，別署篆香室主，廣東佛山人。近代國畫家及篆刻家。畫山水、花鳥、蟲魚，雅淡清逸。書工篆、隸，兼鐵筆。畫學王石谷與蔣廷錫。

程頌萬（1865～1932），字子大，一字鹿川，號鹿川田父、十髮，晚號十髮居士、十髮老人，室名十髮盦、十髮寄廬，別署定巢、石巢，又室名楚望閣、鹿川閣、美人長壽盦，湖南寧鄉人。善詞章，早歲嘗結湘社，與易哭庵等雅集酬唱，深為張之洞、張百熙所倚重。50 歲後，復求古文。工書，篆學《繹山碑》，八分學《華山碑》，真、行兼歐、蘇之法，又能寫山水、蘭石。曾任嶽麓書院院長，創設廣藝興公司，分造紙、印書、漆、木、竹、繡六科。又辦造紙廠等。著有《鹿川文集·詩集》《鹿川田父集》《鹿川田父詩》《定巢詞集》《石巢詩集》《楚望閣詩集》《美人長壽盦詩集》《程典》等。

程大璋（1873～1924），又名式谷，號子良，廣西桂平人。早年補博士弟子，積極投身於康有為領導的維新變法運動，是「公車上書」的起草者和簽名者之一。1913 年當選為中華民國國民議會眾議院議員，1916 年春出任《桂平縣志》總纂，1918 年任縣立中學校長，1921 年繼任國會議員，並兼孔教大學教授。擅長詞章及訓詁學，善作文，工書法。著《經學通論》《春秋講義》《禮記各篇書後》《曲禮注疏摘要》《王制義案通論》《左傳略釋》《史記經義》《漢書藝文志書後》《子學論纂》《說文部首》《演解詩文集》等。

程硯秋（1904～1958），本姓索綽絡氏（係清英和相國之後，隸滿洲正白旗）。原名榮承麟（6 歲賣身榮蝶仙門下學藝時名），改姓程（13 歲後，由羅癭公借貸出資，從榮家贖出後改姓），藝名豔秋，字菊儂，一作菊農，號玉霜，改名硯秋，號御霜，別署御霜簃主，北京人。著名京劇藝術大師、四大名旦之一。3 歲喪父，6 歲時因家貧賣身於刀馬旦榮蝶仙門下為徒。先學武生，改習刀馬旦及青衣。11 歲登臺，13 歲倒嗓，羅癭公出資將其贖身出師。此後，在羅的幫助下養嗓練功，並請名師王瑤卿等教藝。後又介紹拜梅蘭芳為師。1921年獨立成班。此後，不斷革新創造，並根據自己的嗓音特點，創造出一種幽怨宛轉、若斷若續的唱腔，形成獨特的藝術風格，世稱「程派」。1932 年去歐洲考察。次年回國，主辦中華戲曲學校，聘請焦菊隱為校長。主編《劇學月刊》。華北淪陷後拒絕為敵偽演出，隱居市郊。中華人民共和國成立後任中國戲曲研究院副院長。代表劇碼有《荒山淚》《鎖麟囊》《春閨夢》《青霜劍》《打漁殺家》

《竇娥冤》等 20 餘齣。出版有《程硯秋文集》《程硯秋演出劇本選》。

程適（現代人，生卒年不詳），字肖琴，宜興名士，清末丁酉科（1897）拔貢，安徽即用知縣。

程蟄庵（現代人，生卒年不詳），詩人。曾為宜興東坡書院改設第一女校校長，齋舍中原有東坡先生石刻小像，程題聯云：從來南國多才媛；暫屈東坡作主人。

程後姚（現代人，生卒年不詳），詩人。

程康（現代人，生卒年不詳），字穆庵，湖南寧鄉人。顧印愚弟子。程千帆之父，善書法。

程雲岑（現代人，生卒年不詳），名文龍，民國時期上海金山人，曾在古泉學社擔任過重要職務。編有《古泉雜誌》一冊，民國十六年（1927）古泉學社影印本，現存復旦大學圖書館。廣州王貴忱亦藏一冊。

程心之（民國時人，生卒年不詳），黃賓虹同里人，餘無考。

傅以禮（？～約 1909），號節庵、節庵學人、灌園，室名華延年室、長恩閣、七林書屋、七林書堂、萬熹齋，一作有萬熹齋，浙江會稽人。留心明史，與李慈銘時相切磋。同治十二年（1873）曾奉檄署臺灣海防同知。著有《華延年室題跋》《有萬熹齋石刻跋》《殘明宰輔年表》《殘明大統曆》《唐史論斷校勘記》《元朝名臣事略校勘記》，輯有《晉諸公敘贊》《晉公卿禮秩故事》《續費文章志》《傅子》《傅蘭臺集》《攻媿集拾遺》等。

傅增湘（1872～1950），字叔和，又字沅叔、潤沅，一作潤元，號姜庵，別號書潛、雙鑒樓主人、清泉逸叟、長春室主人、藏園老人，室名長春室、雙鑒樓（因有宋元兩部《通鑒》而名，為藏書樓）、龍龕精舍、池北書堂、抱書書屋、食字齋、鏡清齋、萊娛室，四川江安人。著名藏書家，目錄學家。光緒二十四年進士，曾任直隸提學使，創辦天津北洋女子師範學堂、京師女子師範學堂。辛亥革命後，任唐紹儀顧問，出席南北議和。歷任肅政廳肅制使、教育總長、約法會議議員。五四運動中，因抵制北洋政府罷免蔡元培命令，被牽連罷免教育總長。其後，專心從事收藏圖書和版本目錄學研究。1927 年任故宮博物院圖書館館長。1929 年曾赴日本搜訪中國古籍。總計藏書逾二十萬卷，多有宋、元、明精刊及名鈔本，病重時，囑其後人將所藏之書分捐與四川大學和北京圖書館。著有《藏園群書經眼錄》《陵陽先生詩校勘記》《東維子文集校勘記》等。輯有《宋代蜀文輯存》，刊有《雙鑒樓叢書》《蜀賢叢書》《資治通

鑒》等。

傅壽宜（1873～1945），一名莆仙，號菩禪、鐵肩狎鷗老人、十萬琅玕館主等，原籍福建莆田，客居廣州番禺。畫家，與吳昌碩、易大厂、黃秋湄交好，畫藝受吳影響。晚年以賣畫授徒維持生活。

傅金城（1878～1926），字鞏北，一字拱北，又名紹城，號北樓，又號藕湖，祖籍浙江省吳興縣。金城家學淵源，對古器物字畫收藏甚富。早年在英國倫敦鏗司大學攻讀法律，曾道經美國、法國，考察法制兼及美術。回國後初任上海公共租界會審廨襄讞委員，後被聘為編訂法制館、協修奏補大理院刑科推事。中華民國成立後，任眾議院議員、國務秘書，參與籌備古物陳列所，倡議將故宮內庫及承德行宮所藏金石、書畫於武英殿陳列展覽。1918 年，與周肇祥、陳師曾等在北京籌建中國畫學研究會。著有《藕廬詩草》《北樓論畫》《畫學講義》。

傅熊湘（1883～1930），原名專，又字文渠、鈍根（也作屯艮、屯根）、鈍安等，號君劍，書齋廢雅樓、尚友草廬。他的名號多達 30 餘個，居室書齋也多達十多個。諸如別號紅薇生、紅薇館主，書齋紅薇館、夢甜室、息影阿、鶼借居、繁霜林、太山石室等等。湖南醴陵人。清末與寧太一在滬創辦《洞庭波》雜誌。辛亥革命以後，曾參加討袁，歷主江蘇《大漢報》，湖南《長沙日報》及《國民日報》筆政，並先後任湖南督署、省署秘書，沅江縣縣長，省立中山圖書館館長。後任安慶民政廳秘書、棉稅局長。早年參加南社，後主持南社湘集。有《京錫遊草》《環中集》《環社集》及《文通削繁》等。

傅韻雄（民國時人，生卒年不詳），餘不詳。

鄒安（1864～1940），原名壽祺，後因得一漢銅印，乃改名曰鄒安。字景叔，號適廬、雙玉主人，浙江海寧人。居杭州，貢士，光緒二十九年（1903）補行殿試，中進士。後任江蘇丹陽知縣。精金石文字之學，富收藏。

鄒浚明（1874～？），字靜存，號聽泉，廣東番禺人。南社社員。曾於廣州設廣信銀號，1921 年移居香港。1927 年刊有《聽泉山館詩鈔初集》。

鄒魯（1885～1954），原名澄生，改名魯，字海浜，號澄齋、澄廬，廣東大埔人。早年先後參加同盟會、南社。肄業廣州法政學堂。曾在廣州辦《可報》，鼓吹革命排滿。廣東光復後，組織北伐軍，任兵站總監。任國會眾議院議員。與朱執信編《民國》雜誌。之後，歷任廣州財政廳長、廣東高等師範校長、廣東大學校長。1924 年當選為中國國民黨中央執行委員、常務委員兼青年部部

長。1925 年，孫中山逝世後，與謝持等召開「西山會議」。1927 年後，歷任國民黨特別委員會委員、西南執行委員會委員、中山大學校長、國防最高委員會常委、國民政府委員、國民黨中委。去臺灣後，任國民黨評議委員、監察委員等職。著有《中國國民黨史稿》《三月二十九日革命史》《中國國民黨史略》《日本對華經濟侵略史》《二十九國遊記》《鄒魯文存》等。

舒厚德（1885～1949），字石父，後以字行，浙江慈溪人，陸軍少將，識繪畫。

費硯（現 1879～1937），因獲秦宮瓦當所製硯，中有「維天降靈，延元萬年，天下康寧」十二字，稱十二字硯，極寶愛，因易單名曰費硯，字見石，一字劍石，號龍丁，一稱聾丁，別署畫隱龍丁、長斤行人（斤，籀文厂），室名甕廬、破蕉軒、佛耶精舍，自號佛耶居士，江蘇松江人。書畫、篆刻家，為吳昌碩高足。早年參加南社，亦能詩詞，著有《春愁秋怨詞》《甕廬印存·印策》《佛耶居士印存》。

費樹蔚（現 1884～1935），字仲深，號韋齋，又號願梨、左癖、迂瑣，江蘇吳江人。少從同邑施子瑾、灤陽強希衡遊。納資為郎。官河南州牧。曾入袁世凱幕府。宣統元年（1909）任員外郎，兼京漢路要職。未幾丁母優歸里。辛亥革命後補肅政史。袁世凱陰謀復辟，曾直諫，不見納，遂返鄉。之後創辦蘇州電氣廠，又辦織布廠，開設江豐農工銀行並從事地方公益事業，曾疏浚湖港、修聖廟，纂邑志，修《吳江人物志》，著《韋齋近作》《費韋齋集》等。

馮子材（1818～1903），字南乾，號萃亭，亦作粹亭、翠亭，又號淵亭，欽州人。早年參加天地會起義。後曾隨向榮等鎮壓太平軍。官至貴州、廣西提督。1882 年稱疾回籍。1884 年中法戰爭爆發後，以團練督辦參加抗戰。旋經張之洞奏准，起用為廣西關外軍務幫辦，率王孝祺等部，在鎮南關大敗法軍，收復諒山。1886 年授雲南提督，因病未赴。中日甲午戰爭時，奉調北援，駐守鎮江。《馬關條約》後仍回廣西。1901 年任貴州提督。諡勇毅。

馮光遹（1837～1901），字仲梓。江蘇陽湖縣人。同治十三年（1874）進士。選庶吉士，散館授翰林院編修。光緒八年（1882）出督福建學政。光緒二十一年（1895）任廣東雷瓊道，官至陝西按察使。

馮漢（1875～1950），字師韓，號鄧齋，晚號無沙老人、半畝竹園居士，廣東鶴山人。現代書畫篆刻家。早年旅居天津、香港，閒暇則研究古籍。喜畫

蘭，而以書法、篆刻為專擅。

馮湘碧（1896～1974），名丙太。廣東鶴山人。從程竹韻習山水，年十六，又從羅佩瓊研習經史文章。年十八，即以畫名於時。所作詩、五律有晚唐風格，七律古詩似陶謝。所作畫，遠追宋元名家，近法清湘老人，而參以己意，峰巒泉瀑，蒼莽豪縱。

馮康侯（1901～1983），名強，字康侯，號糖齋，別署老馮、老康、康翁、可叵居主人，80 後左目患疾，因號眇叟。齋名可叵居，顏所居曰咫尺蓬萊館、意在斯樓、九龍山齋，本為旗下人，落籍番禺，以馮為姓。八歲從舅祖溫其球學畫，13 歲從劉慶崧學篆刻。後獲睹黃士陵留在其表叔處的 200 多份印稿、墨蹟，故能邊學邊悟，領略黟山印風。畢生從事書法、篆刻、繪畫工作。有《馮康侯書畫印集》。

馮衍鍔（1911～1954），字霜青，齋名雙清閣、翠瀾堂。廣東番禺人。工倚聲，詞宗馮延巳，有《翠瀾堂詞稿》二卷。其治印，曾師李尹桑，工小璽、漢印。曾參與組建天南金石社，研習金石考訂及篆刻。與李天馬同輯《李鈍齋先生印存》，又輯拓黃士陵刻石成《雙清閣鐵書經眼錄》。

馮石癲（現代人，生卒年不詳），廣東番禺人。

十三畫：路 溫 瑞 蒲 楊 靳 頓 虞 褚 愛新覺羅

路朝鑾（1880～1954），別名金波，字畢路，號瓠庵，貴州省畢節德溝人，清末舉人，畫家、書法家、詩人。1913 年任北京教育部秘書，1927 年北伐勝利後，離開北京去奉天（瀋陽）同澤中學任教，「九一八」前一年（約 1930 年），任青島市政府秘書。1937 年「八一三」事變後，在四川大學任教，並任四川通志館副總纂，後又任東北大學教授。有《瓠盦先生詩抄》。

路金坡（現代人，生卒年不詳），詩人。

溫其球（1862～1941），字幼菊，號菊叟，別署語石山人，廣東順德人。1925 年與潘景吾、李瑤屏、趙浩公等人組織國畫研究會於廣州六榕寺，與新派對陣。山水、花卉，造詣甚深，兼擅治印。

溫丹銘（1869～1954），名廷敬，原籍廣東大埔，長居汕頭。1902 年與丘逢甲等創辦嶺東同文學堂，開粵東辦新學先聲。後被聘為惠潮嘉師範學校校長、國立廣東高等師範教授等。曾主《嶺東日報》《公言日報》筆政。20 世紀30 年代初，任廣東通志館總纂兼主任、中山大學碩士委員會委員。40 年代中

後期，任潮州修志館顧問。勤於治學，著述宏富，後集為《溫丹銘先生詩文集》出版。

溫斌至（現代人，生卒年不詳），廣東番禺人。

溫啟明（現代人，生卒年不詳），廣東番禺人。

溫述明（現代人，生卒年不詳），廣東番禺人。

瑞徵（1864～1912），姓博爾濟吉特氏。字莘儒，號心如、恕齋。以貢生官刑部筆帖式，1906 年出為九江道，後移上海道。次年授江西按察使，繼升江蘇布政使。1909 年又升任江蘇巡撫，後調署湖廣總督，參與預備立憲活動。1911 年會辦粵漢、川漢鐵路事宜，曾在武昌殘殺革命黨人。武昌起義爆發，棄城潛逃上海，匿居哈同花園。清廷以失守武昌，曾下令逮治，置之不顧。民國元年，賃屋哈同花園附近而居。不久病卒。

蒲瓚勳（現代人，生卒年不詳），阿拉伯裔，從宋代起遷居廣州珠江村，後代有分房南海，有譜《南海甘蕉蒲氏家譜》，蒲瓚勳屬這一房。

蒲仙帆（現代人，生卒年不詳），詩人。

楊文會（1837～1911），字仁山。安徽人。清末著名佛學家。早年習儒學，並學天文、地理、曆數、音韻等。曾任曾國藩部穀米局差事。1864 年潛心佛學。1866 年就職於江寧籌防局，與友好十多人募捐集資，創金陵刻經處，經營刻印佛經事業。著有《等不等觀雜錄》《佛教初學課》《十家略說》等。門下俊才有譚嗣同、桂柏華、章太炎、孫少候、黎端甫、梅擷芸、李澄剛、蒯若木、歐陽漸等。

楊守敬（1839～1915），字惺吾，號鄰蘇，晚號鄰蘇老人，別署晦堂、王葆心，室名三不惑齋、悔明軒、晦明軒、明晦軒、飛青閣、望堂、望古堂、鄰蘇園、觀海堂，湖北宜都人。地理學家、藏書家、金石書畫家。同治元年（1862）舉人。考取景山官學教習。光緒六年（1880）從黎庶昌隨使日本。公餘致力搜集我國古籍，對國內失傳者尤為注意。著《日本訪書志》。又助黎庶昌刊《古逸叢書》，在日本出版。歸國後，歷任黃岡教諭、兩湖書院地理教習、勤成學堂（後名存古學堂）總教長。武昌起義後，居滬鬻書。1914 年為袁世凱聘為顧問，任參院參政。楊氏藏書極富，且多珍本，乃至孤本。卒後，藏書移藏於故宮博物院，中華人民共和國成立前夕被運往臺灣。著有《晦明軒稿》《望堂金石》《觀海堂藏書目》《歷代輿地沿革險要圖》《隋書地理志考證》《環宇貞石圖》《留真譜》《叢書舉要》等。

楊其光（1862～1925？），字侖西，齋室名花笑樓、添茅小屋。廣東番禺人。楊永衍之子。幼承家學，工倚聲，有《花笑樓詞》。善篆隸，擅治印。其印專師浙派，沉厚道勁，頗近丁敬、黃易。清光緒二十七年（1901）作客福州時，輯所刻印成《添茅小屋印譜》。

楊壽昌（1866～1938），字果庵，廣東人。清光緒二十年（1894）舉人。光緒廿八年（1902）應梁鼎芬聘請任教於湖北的兩湖書院。民國初年前後，任惠陽餘山師範監督，淡水崇雅學校校長，廣東高等學堂、存古學堂和兩廣方言學堂教授，廣東黃埔陸軍小學講師。1914 年後任廣東都督府教育司副司長，廣東高等師範學校教授，惠陽縣縣長。1923 年任廣東大學教授。1924 年冬任黃埔軍校政治教官，中山大學、廣州大學和嶺南大學教授。著有《孟子文學的藝術之管見引言》等。

楊玉銜（1869～1943），字懿生，號鐵夫、季良、鸞坡，以號行，廣東香山人。光緒二十七年（1901）舉人，三十年（1904）考取內閣中書。官廣西知府。民國間曾任無錫國專詞學教授及香港廣州大學、國民大學教授。曾從朱祖謀學夢窗，後即以箋釋吳文英的《夢窗詞》揚名詞壇。著有《抱香室詞鈔》《夢窗詞箋》等。

楊寶鏞（1869～1917），字序東，號篷盦，室名龍淵爐齋，江蘇元和人。鑒賞家。藏書畫甚富，又工篆刻。著有《篷盦題跋》《石經傳本匯考》《書畫家齊名錄》《孫趙環宇訪碑錄刊誤補遺》《古碑孤本錄》《龍淵爐齋金石叢書》《龍淵爐齋金石書目》等近二十種，合為《龍淵爐齋叢書》。

楊圻（1875～1941），初名朝慶，更名鑒瑩，又名圻，字雲史，號野王，江蘇常熟人。御史楊崇伊子，李鴻章孫婿。年二十一，以秀才為詹事府主簿，二十七為戶部郎中。光緒二十八年（1902）舉人，官郵傳部郎中，出任駐英屬新加坡總領事。入民國，任吳佩孚秘書長，亦曾經商。抗日戰爭爆發，居香港，詩詞作家，其《江山萬里樓詩鈔》以宗唐詩風，獨樹一幟於宗宋的清末民初詩壇，極為矚目。

楊天驥（1880，一作 1882～1960，一作 1958），字千里，別號繭廬、駿公，別署東方、楊東方、天馬，江蘇吳江人。早歲肄業南洋公學，師事唐文治等。為南社社員。1904 年起，執教於上海澄衷學堂，胡適為其學生。後又兼《民呼》《民籲》《民立》《申報》及《新聞報》主筆及編輯。後至北京，曾任教育部視學、國務院秘書等職。其間曾南下廣州，加入國民黨。1926 年後，任無錫

縣知事、吳江縣長及交通部秘書等職。1931 年任監察院秘書及監察委員。1936年後以詩書金石自娛。因其家學淵源，研習數十年，於秦篆漢隸章草魏碑諸家，無一不精，又工治印。著有《繭廬印痕》《繭廬吟草》等，早年與乃翁甦民合撰有《滿夷猾夏始末記》一書。

楊樹達（1885～1956），字遇夫，號積微，湖南長沙人。畢生沉潛學術，勤於著述，在語法學、修辭學、訓詁學、語源學、文字學、文獻學、甲骨金文學、考古學等方面均卓有建樹。史學、文獻學方面，《漢書補注補正》為其贏得「漢聖」（陳寅恪語）之美譽，楊樹達也因此成為清華大學繼陳寅恪之後第二位國文、歷史兩系合聘的教授。

楊仲子（1885～1962），原名祖錫，亦名揚子，以字行，號石冥山人、一粟翁、夢春樓主，江蘇南京人。得庚子賠款留學法國，入普魯士大學攻讀化學工程，既卒業，復往瑞士日內瓦音樂學院再習鋼琴、音樂理論、作曲及西洋文學。1920 年歸國，歷任北京女子文理學院音樂系主任、北京藝術學院院長。教學之餘，恆與書畫篆刻名家齊白石、陳師曾、姚茫父、徐悲鴻、張大千、王夢白、壽石工等雅集於中山公園水榭，論藝談心，書畫之外，尤醉心於篆刻。生平刻印，曾自輯為《漂泊西南印集》《哀哀集印存》及《懷沙集》。

楊縵華（1908～1984），四川富順人，書畫家，被譽為民國海派女畫家的代表人物之一，早年畢業於四川省第一女子師範，曾任南京匯文女中教員，1979 年被聘為北京市文史研究館館員。從小受到進步思想的薰陶，她的叔祖、父親、堂兄均為同盟會會員。1930 年，時任比利時獨立博覽會中國代表團秘書的楊縵華，在國外遇到外國人總是低頭看她這位中國姑娘的腳，後來才知道是在查看中國女人是否小腳。於是楊縵華頗有感觸地撰文發表在《申報》「自由談」上，現代文學家魯迅閱後寫出《以腳報國》的雜文，廣為流傳，成為文化界一段軼聞趣事。

楊梓卿（現代人，生卒年不詳），廣東番禺人。

楊會亭（現代人，生卒年不詳），詩人。

楊甓漁（現代人，生卒年不詳），名遵路，字由之，號甓漁，江蘇高郵人。亦係當時高郵文壇的領軍人物，是汪曾祺的祖師爺。

楊琴溪（現代人，生卒年不詳），畫家。

楊雪明（近代人，生卒年不詳），女詞人，篆刻家。

楊思康（現代人，生卒年不詳），字軼庵，湖北武昌人，善篆刻。

　　楊永衍（民國時人，生卒年不詳），字椒坪，自號添茅老人，番禺（今廣州）人。漢陽孚之喬，有議郎孫子小印。家居白鶴洲，顏曰鶴洲草堂。癖小圃曰半園。喜藏書畫，工詩詞。編選了廣東第一部也是唯一一部通代詞選《粵東詞鈔》。

　　楊瘠笙（民國時人，生卒年不詳），詩人。

　　楊瑞貞（民國時人，生卒年不詳），詩人。

　　楊桂耀（民國時人，生卒年不詳），字苦山，詩人，與鄧爾疋友善。

　　楊成志（民國時人，生卒年不詳），1923～1927 年就學於嶺南大學，並主編《南大青年》《南大思潮》和《南風》等刊物。1927 年任中山大學助教。1928 年受中山大學和中央研究院指派，赴雲南調查少數民族情況。以後深入四川大涼山彝族地區，調查研究奴隸社會結構及彝族生活情況、風俗習慣、語言文字、宗教信仰、文化特徵，寫出《雲南民族調查報告》《羅羅族巫師及其經典》《羅羅太上消災經對譯》等專著。這是中國較早的民族學田野考察著作。同年返校後，由中山大學派往法國留學，獲巴黎人類學院高等文憑和巴黎大學民族學博士學位。

　　楊文瑩（1838～1908），原名文鑒，字粹伯，號雪漁、息廬，室名豐華堂、幸草亭，亦稱幸草堂，浙江錢塘人。光緒三年進士，授編修。歷任湖南考官、貴州學政、杭州養正書塾總理、學海堂掌教。工書，宗宋四大家，行筆矯健，以瘦硬取姿。有《幸草亭詩集》《息廬集》。

　　楊嘯谷（現代人，生卒年不詳），民國時人，餘無考。

　　楊瓊笙（民國時人，生卒年不詳），字匏香，蔡守妾。葉銘輯《廣印人傳》記曰：「楊瓊笙字匏香，順德蔡哲夫守侍姬，善鼓琴，工摹印。」談月色編《寒瓊遺稿》手抄本有《留別楊匏香》詩，詩曰：「胥字才一年，款實深於海。國步偪仳儺，卿我競何幸。磨折任萬千，石爛終不改。持此一寸心，白首誓相待。感卿寵我行，淚珠三百緋。」歸蔡守後一年便離去。

　　楊秋瀛（民國時人，生卒年不詳），字曉帆，安徽當塗人。南社湘集成員。

　　靳志（1877～1969），字仲雲，號居易齋。河南開封市人，工詞章、精書法、擅章草。靳志自幼聰敏、勤奮好學，文章也寫得極好，光緒二十三年（1897）即以第五名舉於鄉，次年赴京參加會試，出入貢院號舍，凡九晝夜，一戰告捷。旋以「添注塗改，不符磨勘」罰停殿試一科。又遇庚子之變，兩宮（慈禧、光緒）西狩，至癸卯始補廷對，用工部主事。

　　頓立夫（1908～1988），原名群，字立夫，以字行，又字曆夫，70 後自號
悽叟，別署范陽野老。所居曰三不庵，祖籍山東，流寓北京。曾為王福庵先生
人力車夫，後從王福庵學藝。張大千有讚語曰：「立夫為予治印十數方，直追
元人，明秀當今文何失色。」晚年刻印，吸收漢印，及趙之謙、黃士陵等諸家
韻趣，所作工穩精嚴，深於法度。白文用刀銛銳雄峻，布白不使其滿，善於留
紅；朱文結體疏朗，意態生動，秀而不媚。

　　虞銘新（1878～？），字和欽，又字士勳，號蒔新，浙江鎮海人。日本東
京帝國大學畢業。1903 年間和鍾觀光等從事科學研究，實行實業救國，在《政
藝通報》發表《有機化學沿革說》等文，並為《寧波白話報》撰稿。歷任圖書
局理科總編纂，順天高等學堂、北京優級師範學堂教員，資政院候補議員。民
國後，任北京政府教育部主事、視學，熱河、山西教育廳長，陸軍檢閱使署秘
書。

　　褚德彝（1871～1942），原名德儀，避宣統諱更名德彝，字松窗、守隅等，
號禮堂、里堂、公禮、籀遺、漢威，又別號竹尊宦、舟枕山民、松窗逸人。室
名角茶軒。精金石考據，尤精篆刻，初師浙派，後潛研秦漢璽印。所作挺秀蒼
勁。側款刻篆文，亦短峭入古，別有風韻。亦能寫梅。著有《竹人續錄》《金
石學續錄》《松窗遺印》等。

　　褚成博（清末人，生卒年不詳），字伯約，號孝通，杭州餘杭人。光緒六
年（1880）進士，散館授翰林院編修。光緒十五年（1889）補授江西道御史，
歷任禮科給事中、惠潮嘉兵備道及鄉試會試考官等職。與梁啟超、陳熾、沈曾
植及袁世凱等相識。

　　愛新覺羅・盛昱（1850～1900），字伯希，又字伯熙、伯羲、伯兮，別號
韻蒔、伯蘊、意園，室名鬱華閣，自號鬱華閣者，滿洲鑲白旗人，清宗室。光
緒三年（1877）進士。歷官編修、侍講、侍讀、國子監祭酒。詩文、金石均負
時名。著有《意園文略》《成均課士錄》《栘林館金石文字》，輯有《八旗文經》
等。

　　愛新覺羅・寶熙（1871～民國間），字瑞臣，亦作瑞丞，號沈盦，滿洲正
藍旗人。有《沈盦詩文稿》，光緒十八年進士。歷任編修、侍讀、國子監祭酒、
內閣學士兼禮部侍郎、度支部右侍郎代理、學部左侍郎、山西學政、憲政編查
館提調、修訂法律大臣、總理禁煙事務大臣、實錄館副總裁、崇文門副監督。
入民國後，任大總統府顧問，約法會議議員，參政院參政。後曾任偽滿內務處

長等。著有《東遊詩草》。

愛新覺羅‧毓隆（1872～1923），字紹岑，為清雍正帝七世孫。其支系始祖為雍正帝五子、乾隆帝同父異母弟、和親王弘晝。毓隆之父溥良請求革去封號、俸祿，參加科舉，並考中光緒六年（1880）進士，入翰林。毓隆幼承家學，光緒二十年（1894）中進士，散館授編修。曾任典禮院學士、四川學政和主考。長子恒同，孫啟功。

愛新覺羅氏崇娘格格（近代人，生卒年不詳），滿族人，妓者，餘不詳。

十四畫：蔣 寧 壽 趙 蔡 熙 廖 端 齊 鄭 榮 鄧 熊

蔣艮（1851～1910），字仲仁，號後山，商城伏山鄉人。光緒六年（1880）為進士，選庶吉士，授翰林院編修。光緒十年（1884）入直上書房，為皇族子弟溥倫、溥侗之師。又疏劾河督成孚誤工殃民，致河決鄭州，並請籌款。父死奔喪，在家鄉居住十餘年，主講開封大梁書院五年。

蔣式芬（1851～1922），字挹浮，蠡縣人。光緒三年（1877）進士，改翰林院庶吉士，任湖廣道監察御史，先後疏參大太監李蓮英怙寵驕橫、廣西巡撫史念祖邊事惰謾、刑部尚書薛允升縮朒不任事等，直聲震內外。二十年，典試湖南。不久任史科給事中。二十五年，任戶科掌印。二十六年，隨兩宮西狩，特授湖北提督學政。二十九年，授廣東廣肇羅道。三十年，授廣東按察使，率兵剿匪，三戰三捷，靡堅不摧，為嶺南百姓做了不少好事。三十一年，授二品資政大夫、兩廣鹽運使。書法出入晉唐，清健爽逸。著有《河干集》《問心室歸鳴集》等。

蔣維喬（1873～1958），字竹莊，號因是子，江蘇武進人。教育家、哲學家、佛學家、養生家。7歲入私塾，從師學習《鑒略》《左傳》《古文觀止》等，20歲中秀才，進入常州府學。光緒二十一年（1895）起，先後入江陰南菁書院和常州致用精舍繼續深造，棄八股文，研究西學。

蔣伯塤（1894～1965），原名蔣壽銈，江蘇吳縣人。宣統二年（1910）考入蘇州郵局任練習生，後在徐州、南京、重慶、杭州等地郵局任職。民國九年（1920）在南京郵局任支局長時開始收藏錢幣和郵票。為了收藏方便，他改名蔣伯塤，從此聞名於錢幣界。

蔣中覺（現代人，生卒年不詳），字堅志，民國時期蘇州律師。

寧調元（1973～1913），字仙霞，號太一，湖南醴陵人。13歲負笈外遊，

師事劉師陶、黃克強，學文兼治科學。性情鯁直，嫉惡如仇，能飲酒，工詩文。早歲入同盟會，從事革命，創《洞庭波》雜誌，後更名《漢幟》，力伸民族民權之義。辛亥革命，他奔走湘鄂間，參黎宋卿、譚延闓戎幕。民元春，上海成立民社，創《民聲日報》，他總理報事。1913 年 9 月 25 日，與熊越山一同就義於武昌的抱冰堂。

壽璽（1886～1949），字石工，亦作石公、碩功，號印匄，別署玨盦、殼盦、南方墨者、竹斐居士，均其習見者。性不喜吃魚，因榜其室曰不食魚齋。浙江山陰人。家學淵源，少即長於詩文，又嗜金石碑版、篆刻。晚歲上窺周秦，俯視漢魏，融會趙之謙、吳昌碩、黃牧甫諸家意趣，以精麗秀美為尚。著有《婕蕪齋自製印逐年存稿》《鑄夢廬逐年印稿》《篆刻學講義》等。

趙爾巽（1844～1927），字公鑲，號次珊、次山，晚號無補、無補老人，室名遂園，漢軍正藍旗人。同治十三年進士，授編修。歷任安徽、陝西各省按察使，甘肅、新疆、山西布政使，山西、湖南巡撫，戶部尚書，盛京將軍，湖廣及四川總督。1911 年繼錫良為東三省總督。1912 年任奉天都督，不久後辭職，退居青島。1914 年，清史館成立，被袁世凱聘為總裁（館長），主纂《清史稿》。袁稱帝時，被尊為「嵩山四友」之一。1925 年曾任善後會議議長、臨時參政院議長。1927 年《清史稿》告竣，同年鉛字排印成書。輯有《刑案新編》《無補老人哀挽錄》。

趙藩（1851～1927），字界庵，晚年自號石禪老人，雲南白族人。學者，詩人和書法家。收藏圖書頗富，於經史傳記百家之書，無不博綜詳考，洞其流別，聚書十數萬卷，多手自批識。1917 年代表雲貴總督唐繼堯赴任廣州護法軍政府的交通部長，1920 年辭職回滇。趙藩一生著述頗多，著有《咸同滇中兵事紀》20 卷、《詩集》64 卷、《詞》8 卷、《別集》4 卷、《鷦巢小識》12 卷、《金石書畫題跋》12 卷、《介庵楹聯集》3 卷、《書劄》30 卷。

趙詒琛（？～1934 前後在世），字學南，室名對樹書屋、又滿樓、峭帆樓，江蘇昆山人。國學會會員。晚年在蘇州，擴建藏書樓，名其藏書之所為「趙氏圖書館」，是我國近代較早的私人圖書館。編著有《趙氏圖書館藏書目錄》、《顧千里年譜》《爨龍顏碑考釋》《對樹書屋叢刻》6 種、《甲戌叢編》20 種、《丙子叢編》12 種、《又滿樓叢書》16 種、《峭帆樓叢書》18 種等，又刻有《又滿樓刻名家詞》4 種。

趙時棡（1874～1945），原名潤祥，字獻忱，號紉萇，後易名時棡，字叔

孺，晚號二弩老人，別署甚多，浙江鄞縣人。清末福建同知，民國後居上海。工四體書，於趙孟頫、趙之謙兩家研究尤深。善花鳥草蟲，尤著畫馬，精鑒別，金石碑版，無不嫻熟。刻印早年師浙派，中年後以鄧石如、趙之謙為宗，上追秦漢。所作古小鈢及宋元圓朱文，均秀挺綽約。著有《二弩精舍印譜》《漢印分韻補》等。

趙石（1874～1933），字石農，號古泥，自號泥道人，室名拜缶廬，江蘇常熟人。少為藥店學徒，後從吳昌碩學篆刻。工書法，蒼老樸厚，與同里翁同龢晚年所書，難分軒輊。篆刻作品，數以萬計，銅印、玉印尤佳。以奔放蒼渾勝。著有《泥道人印存・詩》《拜缶廬印存》。

趙式銘（1877～1941），字星海、弢父，趙藩之子。劍川人，白族。清光緒末年，曾在麗江主編《麗江白話報》，並撰寫麗江府中學堂的校歌。

趙士鴻（1879～1954），字雪侯，號養逌齋，會稽人。為趙之謙族弟。工花卉，善摹乃兄，書也似之。遊藝海上，聲聞一時，名列海上題襟館。名錄《越中歷代畫人傳》《中國歷代美術名家》《中國美術家人名辭典》等。

趙聲（1881～1911），初名毓聲，改名聲，字伯先，改號百先，一作白先，別署震康、天水王孫、雄愁子、宋王孫、痛哭生、韻譜、淵父、劉意揚，化名天香主人（逝世後黃克強等將其殯之於港地，碑題「天香閣主人之墓」。後歸葬鎮江竹林寺），江蘇丹徒人。初在江南水師學堂肄業，1902 年畢業於陸師學堂。後遊日本，結識黃興，未幾回國，執教南京兩江師範學堂。曾撰七字唱本「保國歌」，秘密散發，宣傳革命。因參加拒俄集會，發表演說，被迫出走，赴長沙，任實業學堂監督。1905 年投入新軍，歷任標統等職，屢欲起事，未成。1906 年加入同盟會。1909 年棄職。次年籌謀廣州新軍起義失敗後，赴南洋各地籌款，準備再次大舉。1911 年 4 月，與黃興領導廣州起義失敗，憂憤成疾，病逝於香港。中華民國成立後，追贈為上將軍。

趙宗瀚（1889～1944），字澄甫，雲南劍川人，白族。趙藩次子，幼隨父讀書於四川官所，1913 年赴北京應高等文官考試及格，分發回四川任北川縣知事。1918 年任廣州軍政府交通部秘書、路政司司長。1922 年回滇，被選為第四屆省議會議員。編撰有《樾村趙府君行述》一卷。

趙橘穠（民國時人，生卒年不詳），劍川人，趙藩之子。

趙月川（近代人，生卒年不詳），收藏家，餘不詳。

蔡卓勳（1865～1935），字竹銘，號瀛壺居士，廣東澄海人。詩人，創詩

歌社團壺社，「開嶺東百年風氣文字神交之先」。

蔡元培（1868～1940），初字鶴卿，小字阿培，改字仲申，又字民友、子民，號鶴廎，亦作崔廎，又號子農、鶴青、競平、鍔青、會稽山人等，浙江紹興人。當年黃季剛任教北大時好詆人，曾對附和蔡元培的教員，詆曰「曲學阿世」。時蔡元培正在開講元曲。光緒十五、十六年（1889、1890）連中舉人、進士。授翰林編修。戊戌變法失敗後回鄉，任紹興中西學堂監督。1901 年到上海後，任南洋公學教習；創辦愛國女校，任校長，與章太炎等成立中國教育會，任會長，又創辦愛國學社，創刊《俄事警聞》，與陶成章、龔寶銓等組織光復會，被推為會長。1905 年加入同盟會。其後留學德國。武昌起義後回上海，任南京臨時政府教育總長。後再次赴德，又往法國，與李石曾等創辦留法勤工儉學會。1916 年底回國，次年出任北京大學校長。後被選為國民黨中央監察委員。1927 年後，任南京政府大學院院長、中央研究院院長、監察院長等職。「九一八」事變後，力主抗日，1932 年與宋慶齡、魯迅等組織中國民權保障同盟。抗日戰爭爆發後移居香港，曾被推為國際反侵略大會中國分會名譽會長。病逝於港。有《蔡元培選集》《紅樓夢索隱》等。

蔡敬襄（1877～1952），字蔚挺，江西新建縣人。少年喪父，畢業於上海龍門師範學校，在南昌擔任教育視學督導十餘年，任江西省教育廳視學員。宣統二年（1910）易知社創辦的義務女校學監虞維煦病逝，蔡敬襄挺身而出，保存女校，親任學監。該校自清末創辦至抗日戰爭前夕整整 30 年，造就人才 2000 餘人。學生遍佈江西省內外。興辦蔚廷圖書館，收藏江南各省、府、州、縣志百餘部，漢魏碑帖 309 幅，他還十分重視江西地方文獻的收藏。經幾十年努力，終於將江西全省 13 府 81 縣的省、府、縣志書收集齊備，還收藏到一批江西名人著作、金石文字和珍貴古籍圖書。入藏了明末清初著名科學家宋應星所著《野議》《談天》《論氣》《思憐詩》等一批珍貴地方文獻。搜集得金石、碑帖 1000 餘種。其中不少稀世珍品。1928 年在南昌採集到自漢至清代城磚 300 餘種，編輯了《江西南昌城磚圖志》一書，由於刻印數量極少，國內已經無存，僅英國倫敦圖書館收藏有一部。

蔡廷鍇（1892～1968），原名廷楷，字賢初，廣東羅定人。辛亥革命前入廣東新軍當兵。廣東獨立後入省警衛軍。1920 年進護國第二軍講武堂。畢業後在粵軍第一師陳銘樞的第四團任職。1924 年參加國民黨。其後歷任大本營補充營長、國民革命軍第四軍第十師二十八團團長、第十一軍第二十四師副師

長。「四·一二」政變後，調任第十師師長，曾參加南昌起義，任一軍委委員、第十一軍副軍長兼第十師師長，擔任右翼總指揮。後不與共產黨合作，任十九路軍軍長，並參加「剿共」。1931 年「九一八」事變後，十九路軍開赴滬寧路沿線駐防。1932 年 1 月 28 日夜，日帝侵犯上海時率部奮戰。隨後被蔣介石調往福建「剿共」，後在中國共產黨抗日政策的影響下，與紅軍簽訂抗日反蔣協定。會同陳銘樞、李濟深、蔣光鼐等發動福建事變，成立中華共和國人民革命政府。失敗後出洋遊歷歐美。回國後參加中華民族革命大同盟，為負責人之一。抗日戰爭爆發後，曾歷任國民黨第二十六集團軍總司令，在兩廣指揮作戰。桂林陷落後回鄉居住。1946 年在廣州與李濟深等組織中國國民黨民主促進會。1948 年 1 月，民促和三民主義同志聯合會在香港組成中國國民黨革命委員會，任中央常委。著有《蔡廷鍇自傳》。

蔡兆華（近代人，生卒年不詳），字守白，東莞人。著《綴玉集》四卷。用「玉壺新詠」詩題，集「玉臺新詠」句，為五律 200 餘首。

蔡姍（現代人，生卒年不詳），無考。

蔡若舟（現代人，生卒年不詳），蔡守叔父。

蔡賢煒（現代人，生卒年不詳），字彤若，蔡守侄。

蔡卓勳（現代人，生卒年不詳），字竹銘，號瀛壺居士，澄海人。著有《壺史》數卷。其詩古文辭皆奇絕。

蔡為珍（民國時人，生卒年不詳），字嘯府，蔡守三兄。

蔡兒年（民國時人，生卒年不詳），字壽卿，無考。

熙敬（？～1900），蘇完呢瓜爾佳氏，滿洲鑲黃旗人。蔭生出身，咸豐三年，任工部主事上行走。歷任工部主事、戶部尚書、吏部尚書，署理步軍統領，鑲紅旗滿洲都統等職。

廖壽恒（1839～1903），字仲山，晚號抑齋，亦號抑抑齋，江蘇嘉定人。同治二年進士。歷任湖南、河南學政，國史館纂修，侍讀學士。累擢禮部尚書，授軍機大臣。曾纂修《同治實錄》。中法戰爭時，初力主抗擊，嗣與李鴻章共商中法條約細則。後相助康有為向光緒帝送書遞折。1900 年因病開缺回籍。

廖仲愷（1877～1925），原名恩煦，又名夷白，字仲愷。出生於美國三藩市。原籍廣東歸善縣。協助孫中山成立同盟會，並追隨孫中山進行革命活動，直至遇刺身亡。擅長詩詞、書法，著作編為《廖仲愷集》、《雙清文集》

上卷。

廖行超（1895～1972），字品卓，雲南昆明人。國民黨軍將領。雲南講武堂第四期步兵科畢業。歷任連長、隊長、營長、團長、旅長、師長、參議等職。參加過辛亥革命、護國討袁戰爭。1936 年 4 月被授予國民黨軍中將軍銜。1946年 2 月退役。

端方（1861～1911），字午橋，一字悟樵，號午亭、陶齋，一作匐齋，別號浭陽漁父，室名歸來庵、寶華盦。光緒八年（1882）中舉，任郎中。1898 年出任直隸霸昌道，後升陝西按察使、布政使，護理陝西巡撫。八國聯軍陷京時，因追隨慈禧而擢湖北巡撫，署湖廣總督。1904 年調任江蘇巡撫，攝兩江總督。次年出國考察憲政。歸國後上《歐類政治要義》，建議預備立憲，以抵制革命。任兩江總督。1909 年移督直隸，因在東陵拍攝葬儀被劾罷免。1911年起用為川漢、粵漢鐵路督邊大臣。四川保路運動起，由湖北率新軍赴川鎮壓，行至資州為起義軍所殺。生前收置彝器等物甚豐，亦工書法。藏物多有著錄。出國時，曾獲得十七國之幣制，金銀銅鎺皆備，因輯《泰西各國金幣拓本》一卷。著有《陶齋吉金錄》《端忠敏公奏稿》等。

齊念衡（1897～？），字樹平，北京人。曾任故宮博物館科長，河北大學、北平女子文理學院、齊魯大學教授。30 年代參加考古學社。著有《散盤集釋考》《中國美術史》《中國古器物學》等。

鄭業斆（1842～1919），字君覺，號幼惺，室名獨笑齋，湖南長沙人。屢試不第。先後在左宗棠、彭玉麟、李鴻章、袁世凱等人幕下任事。曾以鎮壓回民起義的軍功授為道員。辛亥革命後以遺老自居而終。生平致力考據之學。著有《獨笑齋金石考略》四卷，《獨笑齋金石文考》一集五卷，二集四卷，《獨笑齋金石古文考》四卷，《獨笑齋金石文考殘稿》《考古叢書》《五代史纂誤訂正》等。

鄭沛（1866～1918），字雨仁，號問山，安徽歙縣人。醫家，承家學。父大樽。世以醫喉科問業。兼工篆刻，得徽派正傳。著有《問山醫案》《運氣圖解》。

鄭家相（現 1888～1962），浙江鄞縣人。1914 年畢業於浙江公立法政專門學校。曾任上海隴海銀行常務董事。自幼受其父影響，對泉幣頗有興趣。曾捐贈給南京博物院梁五銖錢範 119 件；捐贈給寧波天一閣銅鼎、銅爐、銅造像及瓦當、量器等文物；1962 年，其夫人吳秀卿秉承先夫遺願，將生前所藏文物

6409 件（其中錢幣 5969 枚，書畫 305 件，陶瓷 96 件，青銅器 7 件，符印 17 件，雜類 15 件），古籍圖書 256 冊全部捐贈給上海博物館。

鄭午昌（現 1894～1952），名昶，字午昌，號弱龕，室名書帶草堂、鹿胎仙館，浙江嵊縣人。畫工山水，兼擅花果、人物。山水取法元四家。善畫柳，極得煙柳情態，有「鄭楊柳」之稱。曾任中華書局美術部主任。首創漢文正楷字模，創辦漢文正楷印書局，任總經理。歷任杭州藝專、上海美專及新華藝專教授，並與謝公展等組織蜜蜂畫社等，任中國畫會常務理事。著有《中國美術史》《國畫學全史》《中國壁畫史》《畫苑新語》《石濤畫語釋義》等。

鄭曼青（1902～1975），原名岳，字曼青，自號蓮父，別署玉井山人，又號曼髯，永嘉城區（今溫州鹿城區）人。幼穎悟，從母張氏習詩書，過目成誦。10 歲從汪香禪習畫，14 歲後畫藝大進。1917 年，到杭州，結識沈寐叟、馬一浮、經子淵、樓辛壺等，相與研論詩、書、畫。1920 年到北京，因在報章與名士以詩唱和，受郁文大學招聘，講授詩學，並得以結交鄭蘇戡、陳師曾、王夢白等，經六載之薰陶，詩畫俱臻進境。1928 年，執教國立暨南大學，又任上海美專國畫科主任。1931 年，與黃賓虹等創辦中國文藝學院，任副院長。1932 年，辭去一切教職，專從陽湖國學大師錢名山攻經學，三年足不出廬。因早年學習少林拳，後改習太極拳，為楊澄甫宗師弟子，頗多創獲。1934 年出任中央軍校拳擊教師，1939 年任湖南省政府咨議兼省國術館館長。次年轉往重慶，任教於中央訓練團。又因少時多病，隨母捶藥，萌有醫藥濟世之志。25 歲從安徽名中醫宋幼庵學醫。精於病理，尤於婦科、骨科別有心得，曾任全國中醫公會理事長。1946 年任制憲國大代表，次年當選中醫公會國大代表。1949 年去臺灣，與于右任、陳含光等結詩社，又與馬壽華、陶芸樓、陳方、張谷年、劉延濤、高逸鴻等成立七友書畫會，並參與發起建立中華民國畫學會，當選為理事兼國畫委員會主委。

鄭思賀（清末民初人，生卒年不詳），河南開封人，餘不詳。

鄭翼（現代人，生卒年不詳），字雪耘，詩人。

鄭永詒（現代人，生卒年不詳），字翼謀，一字質庵，室名天瓢閣，有《天瓢閣詩》，上海人。滬上讀同聲社社員。

鄭乘闓（民國時人，生卒年不詳），曾任民國時期廣州刑一庭庭長。

鄭侶泉（民國時人，生卒年不詳），廣州人，畫家。1907 年，畢業於夏葛女醫學堂的柔濟外科女醫生羅秀雲在醫院首次為西關婦女切除 30 斤腫瘤。被

當時廣州西關知名畫家鄭侶泉，特繪《女醫神效》圖畫一幅，讚譽其醫術的「神效」。2019 年 1 月 11 日《第一財經》發表專訪《堅冰裂開的那一瞬間，是驚天動地的》提到「《時事畫報》上精心繪製插圖，注重人物形象，接近百姓趣味的，是鄭雲波、羅寶珊、鄭侶泉、馮潤芝等」。

榮祿（1834～1903），瓜爾佳氏。字仲華，號略園，滿洲正白旗人。由蔭生以主事用，數遷侍郎，兼內務大臣、步軍統領，光緒四年擢工部尚書。因納賄被參罷免。光緒十八年出任西安將軍。甲午戰起，授步軍統領，特設巡防局督理五城團防以衛皇室。光緒二十一年任兵部尚書、總理各國事務大臣。光緒二十四年任直隸總督兼北洋大臣、軍機大臣，協助慈禧太后發動戊戌政變。光緒二十六年，策劃立端王載漪子溥儁為大阿哥，謀廢黜光緒帝。又屢請鎮壓義和團，保護各國使館。八國聯軍陷京後逃往西安。光緒二十八年返京後，加太子太保銜、文華殿大學士。次年病死。

鄧實（1877～1951），字秋生、秋枚，別號枚子、野殘，別署枚君、雞鳴，室名雞鳴風雨樓、風雨樓，又自署雞鳴風雨樓主，廣東順德人。經學家簡朝亮弟子，和黃節同門。1905 年與黃等組織國學保存會，創辦《國粹學報》，宣傳國粹主義。又先後編輯《國粹叢書・叢編》《國學教科書》《國學講義》《風雨樓叢書》等。後創設神州國光社，與黃賓虹編印《美術叢書》。

鄧爾雅（1883～1954），原名溥，後改名萬歲，字季雨，以號行，別署寵恩，廣東東莞人。工篆書，篆刻師法秦漢，兼以六朝造像等形象入印，對鄧石如、黃士陵兩家，亦能融會貫通。得明廓湛若所藏綠綺臺琴一張，因名其所居曰「綠綺園」。著有《文字源流》《鄧齋筆記》《藝觚草稿》等。

鄧春澍（1884～1954），一名澍，號青城，一號石聖，又號五百石印富翁，更戲以「鄧彎」或「鄧鸞」自號，江蘇武進人。設私塾課徒外，好寫字、吟詩、作畫、精鐵筆，好遨遊。以畫石著名，故稱石聖。以藏印豐，故又自號五百石印富翁。常往來上海，參加展覽。著有《繪餘計草》《四韻堂印存》《兩宜室隨筆》《青城畫萃》《青城石譜》《勝遊圖韻》等書。

鄧桂史（1880～1950），字颷廷，別字寄芳，還有木樨三郎、芰郎等筆名。晚年自稱「芰公」，友人則稱他「芰老」。廣東東莞人。光緒三十年（1908），與東莞學堂在學學生莫紀彭、黃俠毅等人組織出版《東莞旬刊》，鼓吹推翻帝制。因為轉載鎮南關革命軍相關事蹟和文件，引起兩廣總督周馥震怒，並下令嚴辦。鄧寄芳東渡日本避禍。1911 年，鄧寄芳與鄧屺望等參加武昌起義。1913

年，再度赴日本留學。回國後為香港《現象報》主筆，因抨擊袁世凱稱帝被通
緝。1916 年，任臺山監督檢察官。1917 年閏二月，在廣州六榕寺成立南社廣
東分社。不久，任官揭陽。1921 年，民選鄧寄芳為東莞縣長，主政東莞 450 天。
1941 年，香港淪陷，奔跑河源逃難。1945 年 8 月抗戰勝利，回到東莞，次年
8 月，組織東官詩社。

　　鄧仲元（1886～1922），原名鄧士元，別名鄧鏗，廣東惠陽淡水人。早年
在惠陽就讀，肄業於崇雅書院，清光緒三十一年（1905）入讀廣東將弁學堂，
次年任將弁學堂步兵科助教、公立陸政學堂教習，並秘密加入同盟會。光緒三
十三年（1907）任廣東新軍學兵營排長，代理左隊隊官。宣統元年（1909）任
黃埔陸軍小學堂學長，將在陸小就讀的陳銘樞、陳濟棠、鄧演達、張發奎、薛
岳、葉挺、張雲逸等人介紹入同盟會。次年即加入廣州新軍，從此步入長達十
多年的戎馬生涯。曾任廣東軍政府陸軍司司長、粵軍總參謀長兼粵軍第一師師
長，參加過廣州黃花崗起義、光復惠州、討伐袁世凱、驅除龍濟光、統一廣東
等戰役，功勳卓著。國民政府在 1935 年通過了《紀念鄧仲元辦法》，確定每年
3 月 23 日為「先烈鄧仲元先生殉國紀念日」，並頒佈優恤鄧仲元遺族的訓令。
除此之外，國民政府還發行紀鄧郵票、塑立仲元銅像、建造「仲元號」戰艦以
茲紀念。在廣州、惠州、梅州等地，也先後建立以鄧仲元名字命名的學校、醫
院、圖書館、亭園、街道等。

　　鄧之誠（1887～1960），字文如，號文如居士、桑園、明齋，室名五石齋，
另署松堪，江蘇江寧人。清末舉人。任《滇報》編輯。1917 年任國史編纂處纂
輯，1920 年任《新晨報》總編。1927 年後，歷任北京大學、燕京大學、輔仁
大學教授。著有《中華二千年史》《骨董瑣記》《東京夢華錄注》《清詩紀事初
編》《明齋題識》《五石齋題跋》《松堪小記》等。《骨董瑣記》8 卷，書中所及
金石、書畫、陶瓷、雕漆、織繡、紙墨筆硯等，並泛及國故、軼聞，共計有一
千餘條目，時稱「天下第一閒書」。

　　鄧散木（1898～1963），號鈍鐵，又號糞翁，別號且渠子，晚年因病截去
下肢，又號一足，上海市人。為趙石、蕭蛻學生。工四體書，亦善墨竹、墨荷。
篆刻著力特深，在沉雄樸茂、大氣磅礡中兼有清新古拙、瀟灑遒勁之致，能取
各家之長而自成面目。著有《三長兩短齋印存》《廁簡樓印存》《一足印存》《篆
刻學》《書法學習必讀》等。

　　鄧幫述（清末民初人，生卒年不詳），江南藏書家。

鄧驥英（民國時人，生卒年不詳），字君展，廣東番禺人。居廉弟子，書畫家，工詩。

鄧召蔭（民國時人，生卒年不詳），1928 年南京政府成立立法院，為立法五專業委員會委員長之一。1931 年曾任粵方國民政府財政部長。

鄧志清（民國時人，生卒年不詳），詩人。

鄧爾慎（現代人，生卒年不詳），近代廣東大埔人，詩人。有《丙丁吟》二卷。

鄧北堂（現代人，生卒年不詳），詩人。

鄧秋馬（現代人，生卒年不詳），鄧實之異母弟。

鄧野殘（民國時人，生卒年不詳），廣東順德人。

熊適逸（1902～1991），字式一，別號適齋居士，江西南昌人。畢業於北京高等師範英文科，對戲劇有濃厚的興趣，創作和翻譯生涯以戲劇為始終。早年曾任電影院英文翻譯，又曾將京劇全本《紅鬃烈馬》譯成英文，因而博得世界聲譽。又有《可敬的克萊登》《我們上太太們那兒立嗎》等。

熊公福（清末民初人，生卒年不詳），同盟會會員，詩人。

十五畫：樊 歐陽 談 諸 潘 黎 劉 魯

樊增祥（1846～1931），原名樊嘉，又名樊增，字嘉父，一作嘉甫，號雲門、雲山，別號天琴居士、天琴樓主等，湖北恩施人。光緒三年進士，累官陝西、江寧布政，護理兩江總督。入民國後，任參政院參政，又兼清史館事。喜藏書，藏書樓名樊園，藏書 20 餘萬卷，書畫、碑帖之屬十餘簏。藏書印有「天琴道人樊增祥」「樊園收藏」「今是先生藏本」等。工詩擅詞及駢文。著有《雲門集》《樊園戰詩續記》《五十麝齋詞賡》《雙紅豆館詞》《東園集》《兩艭符齋集》《東溪草堂詞》《身雲閣集》《晚晴軒集》《紫蘭堂集》《鏡煙堂集》等 50 餘種，後皆收入《樊山全書》傳世。

歐陽印吾（現代人，生卒年不詳），詩人。

談士勤（民國時人，生卒年不詳），談月色之兄，廣東順德人。

談月色（1891～1976），原名談溶、談古溶，字月色，號溶溶，晚號珠江老人，室名舊時月色樓、漢玉鴛鴦池館、茶四妙亭、梨花院落，廣東順德人。幼為尼，31 歲嫁蔡守為副室，同為南社社員。擅畫梅花，精篆刻，善瘦金體書，亦擅傳拓古器。晚寓南京，為江蘇省文史館館員。有《茶四妙亭稿》《梨

花院落吟》等。

諸慕貞（清末人，生卒年不詳），字淑宜，番禺孫某妻。父文標，浙江紹興籍，咸豐間官粵東守備，喜畫梅，指授姬妾多能之，慕貞尤得其傳。作紅梅，雅豔有致。廣東肇慶鼎湖山慶雲寺有其作梅花圖碑一件，題「光緒辛丑重陽，越峴女士諸慕貞」。

諸祖耿（1899～1989），江蘇無錫人。曾師從章太炎，參加章氏國學講習會活動，編印《制言》半月刊，後合作創辦太炎文學院。先後任教於東吳大學、雲南大學、江南大學、南京師範大學等。出版專著《戰國策集注匯考》《尚書章氏學》《先秦學術概論》《韓柳文衡》《劉長卿詩編年校注》《虛字通考》《無錫方言考》《水明樓詩稿》《雪盦文存》等。

諸宗元（1875～1932），字貞長，別字貞壯、貞莊、真長，號大至，別署大至居士、迦持、長公，室名大至閣、心太平室、病起樓、吾暇堂、默定書堂、秦鬟樓，浙江紹興人。先後加入同盟會及南社。與黃節等創設國學保存會於滬，發刊《國粹學報》，曾遊幕於湖廣總督瑞徵任上，署湖北黃州知府。民國成立後，歷任全國水利局總裁張謇秘書、浙江督軍府秘書兼電報局局長。1929 年任教育部簡任秘書，次年即辭去。著《真長詩鈔》《大至文選》《大至閣詩》《心太平室筆記》《起樓詩》《吾暇堂類稿》《秦鬟樓談錄》《中國畫學淺說》《書法徵》等。黎工佽（約 1895～1935），別號藕齋，廣西人，同盟會會員。高劍父、高奇峰朋友，廣東國畫研究會會員，能詩善畫。民國時期廣東報人，曾輾轉省港各報中任職，為《工商日報》總編輯，曾創辦《探海燈》小報。1936 年在香港遭暗殺。

潘飛聲（1858～1934），字劍士，又字蘭史，稱潘蘭史山人，號老蘭，劍道人、說劍詞人等。廣東番禺人。工詩。吟詠之餘，雅好臨池，行書秀逸，晚年畫梅，樸勁可愛。早歲遊歷歐西，晚年僑寓申江，為南社社友。番禺海山仙館潘仕成，光緒間兵部，好藏書，輯刊《海山仙館叢書》，蘭史著《海山仙館景物略》，尚著有《說劍堂著書》14 種，以及《羅浮游記》《粵雅詞》《論嶺南詞絕句》《老劍文稿》等。

潘宗周（1867～1939），字明訓，廣東南海人，嘗充上海英租界工部局總辦。潘氏席豐履厚，家雄於資，自中歲發力收書，20 餘年間，計得宋本 111 種，元本 6 種，都 1088 冊，一時號稱藏書擘。其中得諸袁克文之南宋光宗紹熙三年三山黃唐刊本《禮記正義》70 卷，該書原藏山東曲阜的孔府秘室，海內孤

本，係孔府中的傳世之寶，不知何時何故流到袁克文之手。潘氏得書後又請來江南著名藏書家董康（誦芬）募工鑴刻，印了一百部，變一身為百身，使千百年來深藏秘府、外人不得一見的珍本秘笈得以公諸士林，甚得世人讚賞。「寶禮堂」之名，亦即淵源於此。潘宗周與張元濟先生交厚，故《寶禮堂宋本書錄》之成書，張元濟先生費盡心血，起了很大作用。

潘景吾（1881～1929），字達微，號鐵蒼，晚號冷殘，番禺人。工畫山水、花卉，與溫其球、李瑤屏、趙浩公等人組織國畫研究會於廣州六榕寺，與新派對陣。還與尹爟、溫其球、程景宣等人設撷芳美術館於廣州，開創了廣州市美術辦學的風氣。中國近代民主革命家。1905年在東京參加孫中山組建的中國同盟會，成為中國同盟會香港分會及南方支部的中堅分子，積極動員一批省港人士加入中國同盟會，還與妻子陳瑋莊一起為中國同盟會的革命活動奔走出力，為中國同盟會策動廣州起義竭盡全力，多次喬裝設計，以祝壽送禮或新娘歸寧等方式瞞過清廷耳目，為廣州起義運輸槍械彈藥及物資支援起義。1911年4月27日，廣州起義不幸失敗，眾多革命黨人被殺害後曝屍街頭，潘達微冒死前往收斂遺骸七十二具，安葬於廣州黃花崗。歿後配葬於黃花崗烈士陵園。

潘培楷（清末人，生卒年不詳），光緒時任廣東欽廉邊防督辦。

潘寶琛（清末民初人，生卒年不詳），號辰南，光緒三十二年（1906）歲貢，廣東順德人。

潘蘭泉（民國時人，生卒年不祥），別署懶園、懶公。廣東番禺人，好茶藏壺，能詩文。香港佳士得拍賣公司2014年秋季拍賣會冊頁一套，內容為1924年春得黃賓虹贈其畫作25幅，及詩友賦詩對題，分別為鄧爾疋、崔師貫、鄒靜存、何悝常、趙藩與但懋辛。蔡守為其世守之潘壺全形拓本題詩。詩云：「消夏攜壺入荔灣（荔支灣，廣州城西。為邦人避暑之處），傳家家寶對家山（潘仕成海山仙館遺址在荔支灣）。鬥茶十八娘妝閣（荔灣消夏處有十八娘妝閣，潘氏原籍乃福建泉州也），爭解羅襦鏡檻間。彩霞載土來南海（相傳潘、伍、蔡三家延宜興名手馮彩霞載土來廣州），質色何殊陽羨窯。潘仕成伍元華蔡錦泉愷壺同一手，道光傳器仿明朝。」

潘觶（民國時人，生卒年不詳），字仲龢，餘無考。

潘和（民國時人，生卒年不詳），字致中（一作至中），號至公，又號抱殘。民國時廣東南海人，博學多能，其畫以宋、元入手，賦彩設色，獨臻精妙，中

歲則規矩黃公望，晚更恣遊博覽，脫盡畦徑，好寫石濤（原濟）、浙江（弘仁）一派。與粵中畫家先後創癸亥合作畫社、國畫研究會。工詩，嗜金石、書、畫，精篆刻，有《抱殘室詩文集》。

潘楠（民國時人，生卒年不詳），廣州人，收藏家。

潘芝安（民國時人，生卒年不詳），近代篆刻家，餘未詳。

潘斯鎧（民國時人，生卒年不詳），原名斯淦，字兆龍，號清渠，南海人。清軍西關千總三水守備營都司水師提標左營遊擊，清遠花縣從化佛岡四邑清鄉督辦。民國時授陸軍中將銜。

潘佩如（民國時人，生卒年不詳），詩人，清十三行潘正煒之孫。

潘蕙疇（民國時人，生卒年不詳），字秋士，番禺人。報人。1911 年 11 月廣東光復後，原在香港的《中國日報》遷至廣州，報社設於第八甫（即今光復中路），由盧信主持，李民瞻為總編輯，潘蕙疇（秋士）、陳春生（春醒）為社論撰述。1913 年 8 月被龍濟光查封。《中國日報》是辛亥革命的主要宣傳陣地，被譽為「中國革命提倡之元祖」。

黎澤泰（1898～1978），字爾谷，初號戩園，後改戩齋，晚曰戩翁，另有剛克齋主人、桂巢詩客、東池主者、星廬老人等別號。湖南湘潭人。其擅論文，精書刻，齊白石之初學治印，皆受其啟迪。作品涵泳多方，以書入印，瀟灑潭脫，晚年更喜挹取簡冊及漢金等文字入印，陶鎔變化，刀法愈益凝練挺拔。有《鉛華未落盦印存》《戩齋自製印拓存》《戩齋印稿》等傳世。

劉永福（1837～1917），本名建業，一名劉義。字淵亭，廣西博白人。15歲隨叔父習拳棒，武藝絕倫。後父母雙亡，負債累累。1857 年參加天地會起義，後率眾加入吳亞忠部，任旗頭，以七星黑旗為大纛，號黑旗軍，入駐歸順，抗擊清軍。後退入越南境內。法國侵犯河內時，應越南政府約請領兵抗法，大敗法軍，收復河內。中法戰爭時，與清軍共同阻擊法軍，多有戰功，受清政府收編。戰後任南澳鎮總兵。1894 年中日戰起，被調往臺灣駐防。次年反割臺鬥爭起，被推為軍民抗日首領。最後，由於孤軍無援，逃回廈門。1902 年署廣東碣石鎮總兵。辛亥革命廣東獨立後，被推為廣東民團總長，旋辭歸。1915 年反對袁世凱簽「二十一條」，倡議組織義勇隊抗日。

劉學詢（1855～1935），字慎初，廣東中山人。24 歲中舉，7 年後考中進士。包辦闈姓彩票，很快就成為廣東首富。和孫中山合作舉義，孫中山甘願推他為首。下半生退隱西湖，全力建造和維持劉莊，是個奇人奇才。

劉恩溥（？～1908），字博泉，直隸吳橋人。同治四年進士，散館授編修，累官通政副使。光緒二十二年，遷太僕寺卿，並任江南主考和知貢舉。二十四年，任倉場侍郎。卅二年，解職。

劉鶚（1857～1909），原名孟鵬，字雲摶、公約，後更名鶚，字鐵雲，號老殘。署名「洪都百煉生」，江蘇丹徒人。通醫學、數學、理學、金石學、佛學等。著作多種，小說《老殘遊記》，天算著作《勾股天元草》《孤三角術》，治河著作《歷代黃河變遷圖考》《治河七說》《治河續說》，醫學著作《人命安和集》（未完成），金石著作《鐵雲藏陶》《鐵雲泥封》《鐵雲藏龜》。《鐵雲藏龜》是第一部甲骨文集錄，奠定了後來甲骨文研究基礎。還有詩集《鐵雲詩存》。

劉心源（？～1915），字幼丹，室名奇觚室，湖北嘉魚人。光緒二年（1876）進士。授編修，官重慶、成都知府，累至廣西按察使。辛亥革命後，任湖北省臨時議會議長、省民政長，湖南巡按使等。長於金石學，專治鐘鼎古文，搜集拓片，進行考辨。曾手鐫《夔門銘》《石鼓文》等。著有《吉林文述》《火齊木難三代六書存》《海書》《遊太行山記》《奇觚室樂石文述》等。

劉名譽（1860～1923後？），字嘉澍，號鈍翁，晚年又號疊彩山樵，廣西桂林人。光緒六年（1880）進士。由翰林院編修歷官國史館協修、功臣館纂修，貴州、河南主考，瓊州、江寧、淮安等府知府。著有《紀遊閑草》《桂隱辛壬集》《竹雨齋詩抄》《玩珠小記》《越事備考》《慕庵治心詩鈔韻語》等。

劉慶崧（1863～1920），字聘孫、邢孫，號萍僧、留庵。祖籍江西南城，後寓廣州。蓄碑版書畫之屬甚富。擅詩詞，書法雄奇。治印剛勁凌厲，氣魄雄厚，自成格度。存世有《藝隱廬篆刻》《明瑟集》《海鷗集》。

劉澤湘（1867～1924），字今希，室名鞭影樓、釣月山房，湖南醴陵人。南社社員，早年先後肄業城南、嶽麓、淥江諸書院。後留學日本。回國後任教席、縣議會議員。1913 年後曾繼寧太一後任三佛鐵路總辦，不久去職。1916年任程潛靖國軍秘書。後募款在鄉辦賑。平素好詩文，亦喜書法，慕蘇東坡。著有《鞭影樓》。

劉三（1877，一作 1880，1887，1888，1890～1938），原名宗龢，一名鍾龢，字季平，號江南，別署江南劉三、鎦三、離垢，室名紅樹室、黃葉樓，上海華涇人。早年留學日本，入成城學校習陸軍，加入興中會。1903 年學成歸國。任浙江陸軍學堂教官，與費公直等創辦麗澤學院。1905 年鄒容因著《革命軍》坐牢庾死，劉三冒險為其安葬於華涇。1909 年加入南社。1916 年後歷

任北京大學、北京高等師範、東南大學、復旦大學、持志學院等校中國文學教授，江蘇省通志編纂委員。1931 年任國民黨監察院監察委員。善書，能篆、隸、行三體，尤擅漢隸。著有《撥灰集》《焚椒錄》《華涇風物志》《黃葉樓遺詩》等。

劉體智（1880～1963），字惠之，後改晦之，號善齋，室名小校經閣。安徽廬江人。曾任上海實業銀行行長，南社社員。為著名甲骨、銅器收藏家，所藏銅器等成書有《善齋彝器圖錄》，容庚編並考釋；《善齋吉金錄》，鮑鼎編。又有《善齋璽印錄》16 冊，《小校經閣文拓本》18 冊。著有《清代紀事年表》。所藏之甲骨，郭沫若編並考釋於《殷契摹編》。

劉謙（1883～1959），字約真，湖南醴陵人，劉澤湘弟。就學於湖南師範時，由寧調元介紹入南社。寧調元在長沙逮捕入獄後，他多次為寧向學校借書，送入獄中供寧閱讀，並將其學習筆記與讀書心得帶出妥為保存。1912 年與傅熊湘等創辦《長沙日報》。後返歸故里興辦學校。寧調元就義後，他不顧個人安危，曾赴武漢將遺體運回，葬於故里西山。他與傅熊湘一同為寧調元搜集遺稿，整理為《太一詩存》《辟支廬詩稿》，謀求出版。為寄託哀思，他寫有《寧調元革命事略》，又有《哭太一詩》組詩 20 首，首首哀憤悲鬱，令人動容。如：「怕從舊篋拾君遺，斷楮零縑繫我思。最是捨身先一日，獄中緘寄子田詩。西山一塚倚長空，薜荔驚秋泣鬼雄。天亦為君留紀念，染楓如血滿江紅。」傅熊湘歿後，其《鈍安集》也是由劉謙整理而得以傳世的。中年以後，劉謙皈依佛門，但決不是消極避世，而是企圖以佛教思想救世。詩中說：「我替窮黎重禱頌，金光來照界三千」（《除夕雜憶詩》）；「滄海橫流感何極，且憑佛智證諸空」（《到長沙感賦》）；「現身說盡法王法，其奈眾生善病何」（《鈍根過訪暢談累日去後悵然》）。劉謙有《無諍詩稿》《新生室詩稿》，今存武漢圖書館。

劉師培（1884～1920），乳名閏郎，初名世培，改名師培，字申叔，一字魯源，別號左盦，改名光漢、無畏（一作，筆名韋裔、豕韋之裔，化名金少甫），江蘇儀征人。光緒二十八年舉人。旋在上海結識章炳麟等人，主持《警鐘日報》，加入光復會。1907 年赴日本，加入同盟會，與張繼在東京舉辦社會主義講習會，與其妻何震創辦《天義報》，宣傳無政府主義。1908 年歸國，變節投附兩江總督端方。1913 年任成都國學院副院長，一度擔任閻錫山顧問。後參加發起籌安會，擁袁世凱稱帝。1917 年被蔡元培聘為北京大學教授。1919 年參加組織國故月刊社，主編《國故月刊》，對抗新文化運動。其家世傳漢學，

對經學、小學及漢魏詩文皆有深邃研究。世稱其為「家傳絕學」。著有《攘書》、《中國民約精義》、《左盒集‧外集‧詩錄‧詞錄》、《劉申叔遺書》74 種。

劉景棠（1887~1963），字伯端，福建上杭人，寄籍廣東番禺，1913 年移居香港。早年供職廣東學務公所，赴港後，除抗日戰爭時期曾短暫避地廣西以外，其餘人生皆在香港度過，就職於香港殖民地華民署，任文案。一生好詩詞，與章士釗平輩論交，曾加盟南社，1950 年與朋友組社推動詞學，被公認為香港首屈一指的詞人，其作語淺情深，婉約渾成，境界頗高。著有《滄海樓集》。

劉君任（1900~1961），名樹聲，又名毅起，別號枕劍樓主，東莞人。1922 年就讀於香港聖保羅書院，後函授畢業於美國芝加哥大學藝術系及華盛頓美術專門學校。1929 年創辦萬國函授美術專門學院，1931 年又創立萬國美術專科日夜學校。其弟子遍於世界各地，有聲於時者不少。1937 年，他創立香港華僑美術會，連任四屆主席；繼又創辦兒童工藝學校，自任監督。1940 年，與高劍父、張谷維、李景康、吳梅鶴等書畫名家組織中國藝術協會，被推為理事長。還在香港政府華員會、南華體育會、白鶴國術體育總會、劉氏宗親會、龍岡親義總會、東莞同鄉會、精武體育會、壬申書面會等擔任重要職務。1937 年，他以《山水觀瀑圖》參展中華全國美術展覽會，獲得好評。1939 年，蘇聯舉辦中國美術展覽，他以一幀《墨蝦圖》參展，極獲好評，並為該國珍藏。同年，美國舉辦金門博覽會，他有多幅畫作參展。中國畫有山水、花鳥、走獸、蟲魚、水墨蝦蟹；西洋畫有水彩、油畫等，後悉為收藏家購去。此外，他還參加泰、意、法等國際美展，全國美展，上海、廣州等美展。又為慈善、獎學、賑災等義展籌款不下 30 餘次。

劉姌（民國時人，生卒年不詳），袁克文夫人。劉喜海孫女。「姌」同「姍」。《史記‧司馬相如列傳》：「柔橈嬛嬛，斌媚姌嫋。」「姌」，細長柔美貌。

劉玉林（民國時人，生卒年不詳），字無逸，廣東人，善篆刻。《嶺南印人錄》無載。

劉筠（民國時人，生卒年不詳），字筱墅，號蒨依，別署花隱，浙江鎮海人。詩人，南社社員。

劉偉民（民國時人，生卒年不詳），詩人。

劉驤（民國時人，生卒年不詳），字雲父，收藏家。

魯研山（現代人，生卒年不詳），詩人。

十六畫：錢 盧 蕭 賴 龍 諶 館 鮑

　　錢慧安（1833～1911），字吉生，號清溪樵子、退一老人，又號雙管樓主。上海寶山人。少時從民間畫師學寫真，曾摹仇英、唐寅、陳洪綬，繼學費丹旭、改琦、上官周等，作品得諸家之法，為海派代表性畫家之一，程十髮稱其為「海派藝術宗師」。

　　錢振鍠（1875，一作1873～1944，一作1943），字夢鯨，號名山，又號庸人、謫星，晚署海上羞客，室名快雪、傳我室、星隱廬，又署星影廬主人，私諡清惠先生，江蘇陽湖人。學者、書法家。光緒二十九年（1903）進士，分發刑部主事，上書言事不為用。辛丑條約訂後，上書批評朝政，遭嫌歸隱，留髮道士裝，收授弟子。講學寄園垂20年。對貧民頗同情，為賑災，皆躬自鬻書盡力供給。書法挺拔。晚年喜寫墨竹，清流絕俗。所著《謫星集》《星影樓詩文集》《名山集·文約·詩話》等20餘種，合為《名山全集》。另輯有《陽湖錢氏家集》。

　　錢仲聯（1908～2003），原名萼孫，號夢苕，室名夢苕盦、知止齋，自號知止齋主，江蘇常熟人。古典文學研究專家，國學大師。蘇州大學終身教授。著有《夢苕盦詩存》《鮑參軍集注補》《韓昌黎詩繫年集釋》《人境廬詩草箋注》《後村詞箋注》《劍南詩稿校注》《吳梅村詩補箋》等。

　　錢競五（現代人，生卒年不詳），詩人。

　　錢靜方（現代人，生卒年不詳），詩人，現代作家，有《小說叢考》。

　　錢任（現代人，生卒年不詳），字遠林，詩人，曾為無錫國學專修學校老師。

　　盧鑄（1889～1952），名同轟，字可鑄，號滇生，別號匏齋，江西南康人。南社成員。

　　盧子樞（1900～1978），別號一顧樓、九石山房、不蠹齋，廣東東莞人。1922年與廣州國畫界同人組織國畫合作社及國畫研究會。擅畫山水，善書，精鑒賞。山水初宗四王，歷元四家而上溯董源，能得古人法度。涉足名山大川，得煙雲變幻的真趣，頗見鎔舊鑄新。

　　盧世傑（現代人，生卒年不詳），蔡守友。

　　盧毓芬（民國時人，生卒年不詳），字湘儂，廣東人，善篆刻。《嶺南印人錄》無載。

　　蕭蛻（1863～1958），字中孚，一作盅孚，別署蛻盦、本無、叔子、寒蟬，

江蘇常熟人。先後為同盟會會員、南社社員。博通經史,兼精文字學,工書,四體皆工,尤精於籀,嘗稱:「書法之妙,在於疏密,魏書內密而外疏,唐書外密而內疏。學者通其意,則南北一家,否則學魏為偽體,學唐為匠體,無有是處。」能治印。著有《小學百問》《文字學淺說》《小晴雲論書》等。

蕭謙中(1883～1944),原名蕭遜,字謙中,號大龍山樵。安徽安慶人。早年師從姜筠學習山水畫。後出遊西南、東北名勝,行萬里路。1921 年重返北京,廣泛涉獵歷代名家作品,深得傳統藝術精華,尤醉心石濤、龔賢、梅清。1920 年與周肇祥、傅金城、陳師曾等人發起成立中國畫學研究會。曾任教北京美術專科學校及中國畫學研究會。

蕭嫻(1902～1997),字稚秋,號蛻閣、枕琴室主,貴州貴陽人。康有為弟子。特擅擘窠大字,早年亦常操刀。曾任中國書協名譽理事、江蘇書協顧問、南京市書協名譽主席。

賴際熙(1865～1937),字煥文,號荔垞,廣東增城人。廣雅書院肄業。光緒二十九年(1903)末屆進士,授翰林院庶吉士,後授翰林院編修、國史館纂修、總纂。移居香港,謝絕國事,專心從事教育和國學研究。民國二年(1913)任香港大學中文總教習兼教授。民國十二年(1923)為提倡國學,得香港及海外熱心人士捐款,設立學海書樓,藏書數十萬冊,又是講學場所。他講學文采風流,聽者頗眾。民國四年(1915)曾參與纂修《廣東通志》,後與陳念典、湛桂芬總纂斷限於宣統三年(1911)的《增城縣志》,又編有《清史大臣傳》《崇正同人系譜》《赤溪縣志》。編有《荔垞文存》行世。

龍官崇(清末民初人,生卒年不詳),字箕伯,順德人,有《重印藤花亭書畫跋序》等。

龍志澤(現代人,生卒年不詳),又名龍應中,號伯純。廣西桂林人,康有為弟子,早年跟隨康有為參加戊戌變法,變法失敗後投身教育事業,曾遊學日本,創建了廣西大學,任廣西大學國文教授,民國後期任中央大學教授。著有《廣西石刻展覽會序》《文字發凡》等。

龍仲璪(民國時人,生卒年無考),字龍仲,浙江瑞安人。

諶子裁(民國時人,生卒年不詳),詩人,居南京。《晚近詩詞譚・靳志篇》記「而帽徽之青天白日則加以紅緣,適與偽組織相合,當局不之覺也。己丑夏,南京解放,始見赤幟。十二年間漢幟五易。諶子裁寓鼓樓下,一切皆所目覩。」

館森袖梅（現代人，生卒年不詳），日本漢詩人。

鮑鼎（1898～1973），字扶九，中年後以字行，號默庵、默厂，又號雲中子、蒜山耕者，江蘇鎮江人。1925 年在《學衡》雜誌先後發表了《玉篇誤字考》和《爾雅歲陽名出於顓頊考》兩文。為中國實業銀行總經理劉體智所藏青銅器撰寫釋文，編《善齋吉金錄》《小校經閣金文拓本》。

十七畫：韓 鍾 戴 謝 魏 儲 繆

韓國鈞（1857～1942），字子實、子石、紫石、止石，晚號止叟。江蘇泰縣人。光緒五年（1879）中舉。先後任行政、礦務、軍事、外交等職，曾任吉林省民政使。民國成立後，歷任江蘇省民政長，安徽巡按使，江蘇巡按使、省長、督軍等職。

韓登安（1905～1976），原名競，字仲錚，長以登安為字，中歲易號為名，別署登庵、登廠、飲禪、富家山民、耿齋、印農、小章、本翁、無待居士、登叟。所居曰容膝樓、玉梅花庵、物芸齋、寒研青燈籀古盦。祖籍浙江蕭山。善書法篆刻，著作有《明清印篆選錄》。

鍾剛中（1885～1968），字子年，號桴堂，晚號桴公，幼號柔翁，廣西邕寧人。光緒三十年（1904）進士。為清代晚期第一批出國留學 7 人之一。日本早稻田大學法律系畢業。民國初年，曾任湖北省通山及直隸成安、寧晉等縣知事。善篆刻，得力於名師黃牧甫，學藝不古，遺貌取神，刀筆並陳，渾拙大方，善用銳刀刻出古拙，刀痕陡直俐落，猶如筆尖寫線條，自成一家之風格。篆刻作品大部存於《桴堂刻印》一書。

鍾仁階（民國詩人，生卒年不詳），廣西欽州人，富商，收藏家。

戴亮吉（1883～1966），四川江北人。日本山口高等商校畢業。曾任四川省參議員，江北縣參議會議長。藏書家，詩人。收集整理並繼承了鄭文焯的藏書。在此基礎上，通過長期的收藏，形成了自己的藏書特色。1959 年入四川省文史研究館。

戴季陶（1890～1949），名良弼（學名），字選堂，又名傳賢，字季阿等。與名並行，號天仇，晚號孝園，法名不空、不動，浙江吳興人。早年先後就讀於成都東遊預備學校、客籍學堂及華英學堂。1905 年留學日本大學法科。1909 年畢業後回國，曾任江蘇地方自治研究所主任教官。1910 年任《天鐸報》編輯、總編輯，因撰文鼓吹革命，被清廷命捕，亡命至檳榔嶼，任《光華報》編

輯，並加入同盟會。辛亥革命後，在上海與人創辦《民權報》，任主筆，又任孫中山秘書，在日本創辦《民國雜誌》。1917 年任護法政府法制委員會委員長，兼大元帥府秘書長、外交部長，又隨孫中山到上海。1919 年創辦《星期評論》，兼經營證券物品交易所。1920 年曾和陳獨秀等發起上海共產主義小組（不久退出）。1924 年參加國民黨第一次代表大會，任中央常委、政治局委員，兼中宣部部長及大本營法制委員會委員長，黃埔軍校政治部主任，創辦中央通訊社。孫中山逝世後，任中山大學校長、廣東省政府委員。1928 年後任國民政府委員兼考試院院長，直到 1948 年，並任國民黨中央政治會議委員、宣傳部長、訓練部長及國民黨六屆中央常委等兼職。編著有《天仇叢話》《孫文主義之哲學基礎》《國民革命與中國國民黨》《孫中山全書》等。

戴玉屏（現代人，生卒年不詳），廣東潮州製壺名工，善仿古。

戴漢材（現代人，生卒年不詳），畫家。

謝英伯（1884～1939），原名華國，後以字行，又字瑛伯，號抱香，別署枝頭抱香客、大舞臺中一少年，室名黃華別館、拳石山館，廣東嘉應人。早歲肄業香港皇仁書院。1902 年主編《亞洲日報》於廣州。此後歷職《中國日報》等凡二十餘家，並執教各校。1907 年加入同盟會，參與籌畫辛亥廣州起義。二次革命失敗，出亡美洲。1914 年在三藩市主編《民國雜誌》。回國後任大元帥府秘書。曾從事工人運動。1922 年在《青年週刊》發表《馬克斯念日的感想》。之後曾參加「西山會議」。1927 年後，先後在滬、粵執律師業。1636 年任廣東省檢察官。有自傳《人海航程》等。

謝祖賢（民國時人，生卒年不詳），學者。抗戰時廣州淪陷，偽廣東大學校長兼教育廳長林汝珩請謝次陶講學，謝大談其曲禮：「道德仁義，非禮不成；教訓正俗，非禮不備；分爭辯訟，非禮不決；君臣上下、父子、兄弟，非禮不忠；宦學仕師，非禮不親；班朝治軍、蒞官、行法，非禮威嚴不行；禱祠祭祀供給鬼神，非禮不誠不莊。」引古徵今發揮一大段「禮治」的「高論」，符合「日華乃禮儀之邦」標語的淪陷區環境，為後世所詬病。

謝荷鄉（現代人，生卒年不詳），廣西富商鍾仁凱妻。

謝觀蓮（現代人，生卒年不詳），廣東番禺人。

謝列珊（現代人，生卒年不詳），無考。

魏鹹（1859～1927），字鐵三，亦作鐵珊，號匏公，浙江山陰人。光緒舉人。工書法，初學張猛龍，參以瘞鶴銘，上窺漢隸，進而專研秦篆、周籀。又

工詩詞聲律，對胡琴、琵琶、箏、笛等樂器和昆、徽、弋、黃等戲曲，無不精通。梅蘭芳、程硯秋、余叔岩、俞振飛等都曾向其學習。又練武術，壁虎功有獨到。有《魏鐵三（珊）陳肖蘭遺集合刊》傳世。

魏崇元（清末民初人，生卒年不詳），為旅居上海的四川文人，1928 年曾任視察西康專員。

儲南強（1876～1959），字鑄農，號簡翁，江蘇宜興人。早年肄業江陰南菁書院，與黃炎培、沙彥楷同學。後在家鄉興辦勸學所及小學，辛亥革命後被推為民政長，後調南通，曾從事築堤防澇等建設。三年後到上海南洋公學任國文教師。未幾回宜興，興辦水利，建設宜興市政，修築古跡。50 歲後，致力於整修善卷、庚桑兩洞，直到抗戰爆發，後退居善卷洞旁祝陵村。

繆荃孫（1844～1919），字炎之，一作荽之，亦署繆炎，一字筱珊，亦作筱山、筱杉、小山、小珊，晚號藝風、藝風老人，又號江東老蟬，室名雲自在龕、雲輪閣、藝風堂、對雨樓、夢園、紅雨樓、藕香簃、飽看山簃、煙雨草堂、鍾山講舍、誦詔覽夷之室、煙畫東堂、琅環室、聯珠樓，江蘇江陰人。目錄學、金石學家、藏書家及圖書館學家。同治元年（1862）中舉，先後入吳棠、張之洞等人幕府，並為張撰《書目答問》。光緒二年（1876）成進士，授編修。歷任國史館纂修、總纂、提調等官。又任鍾山書院總教習，江南圖書館及京師圖書館監督。1915 年任清史館總纂。編著有《雲自在龕叢書》《對雨樓叢書》《藝風堂文集》《煙畫東堂小品》《續碑傳集》《遼文存》《國朝常州詞錄》等。又與人合作撰《蕘圃藏書題識》《京師坊巷志》等。

繆鴻若（1879～1970），字默庵，號默安，廣東香山人。曾就讀於康南海門下。民國初年（1932）在石岐經營振興書局，後移居香港從事教育事業。

繆敏之（現代人，生卒年不詳），詩人，江蘇南通人，清末秀才，留法經濟學博士，曾任南通市第七中學校長，王個簃曾從其學楷書。

十八畫：瞿 關 簡

瞿啟甲（1873～1940），字良士，別號鐵琴道人，江蘇常熟人。民國著名藏書家。清代著名藏書樓鐵琴銅劍樓第四代主人。樂於藏書借閱，蔣汝藻、徐乃昌、劉承幹、繆荃孫等人刊刻叢書，均從其借印，他都慷慨相借。涵芬樓刊印《四部叢刊》和《四部備要》，也多借其家舊藏影印。刊印有藏書目錄《鐵琴銅劍樓藏書目錄》24 卷，著錄宋元舊槧及稀見抄本有 1200 餘種。《鐵琴銅

劍樓宋元金本書影》，著錄宋本 160 種，金本 4 種，元本 106 種。《鐵琴銅劍樓
藏書樓題跋集錄》4 卷。辛亥革命後，又積極倡議設立公共圖書館，創辦常熟
公共圖書館，出任館長之職。1940 年去世，遺命後輩：「書若分散不能守則歸
之公。」

關賡麟（1880～？），字穎人，廣東南海人。光緒三十年（1904）進士。
歷官兵部、郵傳部主事，鐵路總局提調，京漢鐵路會辦、總辦。後任財政部秘
書，交通部路政司長、參事，交通大學校長，漢粵川鐵路督辦，北平鐵路大學
校長，交通史編纂委員會委員長，交通法規編訂委員會副主任等職。著有《瀛
談》《飴鄉集》等。

關超卉（1878～1956），字蕙農，晚號覺止道人，廣東南海人。有「月份
牌畫王」的美稱。幼隨兄健卿學西洋畫，後師從居廉，深得居派畫法之神髓，
熱心於美術印刷事業。曾受聘香港文裕堂書坊，創製五彩石版，為華南石印美
術之始。

簡朝亮（1851～1933），字季紀，一作季己，號竹居，室名讀書堂、讀書
草堂、松桂堂、再洴書屋，廣東順德人。學者。平生以論學、著書為事。早歲
從南海朱九江遊，晚年與諸弟子論學，一以九江學派為宗。有《朱九江先生年
譜》《朱先生講學記》及《讀書堂集》等。

簡經綸（1888～1950），字琴石，號琴齋，別署千（萬）石樓主，齋名千
石樓、千石居、千石室、千萬石居、萬石樓，廣東番禺人。早年曾任國民政府
參事，任職上海僑務機構，後遊歷南洋歐美，晚年居香港。公餘攻詩文書法篆
刻，博覽古器碑帖。善畫。書法兼工各體，篆、隸、真、草，饒有金石氣。篆
刻師法周秦古璽及漢印，以放逸而沉厚見稱。治印多採甲骨、古璽、封泥。所
作印渾厚古拙；印款涉及篆、隸、楷、草諸體，均有風韻。抗戰後曾設琴齋書
舍授徒，從遊習藝者眾。嘗以各種書體刻為邊款，不收印面，輯為《千石樓印
識》。傳世有《甲骨集古詩聯》《琴齋書畫印合集》《己卯第一集》《丁亥第二集》
等。西泠印社輯其自刻印為《琴齋印留初集》《琴齋印留二集》。王耀忠輯簡經
綸自刻、自用印成《琴齋印存》。

十九畫：蘇 嚴 羅 譚 龐

蘇寶盉（清 1861～1938），字幼宰，廣東順德人。光緒三十年（1906）貢
生，書畫名家蘇若瑚之子，幼承家學，書學李文田。

　　蘇曼殊（1884～1918），初名宗之助，小字三郎，為生父宗郎（江戶望族）所取。三郎，後作筆名，原名蘇戩（生父宗郎未幾亡故。5 歲時隨母改嫁在日經商的香山人蘇勝，遂姓蘇，取名戩，著籍香山），學名蘇湜，字子谷，更名元瑛，別字雪蝶，號超凡，法名博經（12 歲時，因受蘇氏歧視，在廣州長壽寺為僧取名），號曼殊，尊號曼殊大師、曼殊上人，又署曼殊居士、沙門曼殊，別署飛錫、王昌、元瑛、蘇文惠、文惠、文瑛、心印、三印、弘、玄殊、玄曼、行行、孝穆、蘇子由、蘇弘、非非、棄私、宋玉、沙鷗、阿曇、阿難、阿瑛、雨品巫、南府行人、南國行人、英、林惠連、曇鸞、淚香、春蠶、欒弘、雪璉、郭璞、瑛、曇僧、糖僧、燕、燕子山僧、燕影，室名燕子庵、燕子龕。1894 年中日甲午戰爭爆發後，隨父返廣東。1898 年回日本，先後就讀於橫濱大同學校、東京早稻田大學，1902 年轉入振武學校習陸軍。參加革命團體青年會，組織拒俄義勇隊等。1903 年在廣東惠州削髮（後還俗）。後至上海，交結革命志士。又參加南社。民國成立後，發表宣言，反對袁世凱稱帝。身世飄零，佯狂玩世，嗜酒暴食，積病而卒。通英、日文及梵文。能詩文，善繪畫，為清末民初著名文學家。有自傳式小說《斷鴻零雁記》，著有《曼殊全集》。

　　蘇澗寬（？～1940 前後），字碩人，號考盤子，江蘇鎮江人。書畫、篆刻家。工書，篆、隸、真、行無不能。又工畫，尤工寫博古金石拓本，善治印，有《太上感應篇印譜》。

　　蘇炳文（1892～1975），字翰章，一作漢章，號鐵盦，亦作鐵厂，遼寧新民人。1912 年入保定軍校。後入北洋軍。1924 年轉入奉軍。1930 年任黑龍江省呼倫貝爾警備司令、中東鐵路路哈滿線護路司令、步兵第二旅旅長。「九一八」事變後，率部參加江橋抗戰。後任東北民眾救國軍總司令，在東北抗日。後退往蘇聯，不久回國，輾轉至滬，蔣介石下令他返東北抗戰，乃在蘇州拜訪名流學者，欣賞字畫碑帖以自慰。任國民政府軍委委員。

　　蘇紹章（民國時人，生卒年不詳），廣西北流人，詩人。

　　蘇炳靈（現代人，生卒年不詳），詩人。

　　蘇軼（現代人，生卒年不詳），字梓卿。

　　蘇式倫（現代人，生卒年不詳），廣東番禺人。

　　嚴修（1861～1929），字範孫，一作範蓀，初名慎修，別號靜遠，室名蟬香館等，天津人。光緒九年進士，授編修。不久後督學貴州，將南書院改為經世學堂。後任滿回籍，創辦南開中學堂，1919 年改成南開大學。光緒末葉，於

學務處督辦任上，創立學校甚多，在保定設師範學堂、普通科學館，在天津設天河師範、北洋師範、北洋法政、女子師範、模範小學，收回外國人所辦之學堂，改為天津府中學堂。袁世凱當政時，任為度支大臣，不就。入民國，屢以教育總長及參政徵，亦不應。有《嚴範孫古近詩體存稿》《蟬香館使黔日記》等。

嚴炎南（民國間人，生卒年不詳），順德人。

嚴國棟（現代人，生卒年不詳），字宇良，畫家。

嚴邦英（1891～1950），廣東順德人，藏書家。能文，喜篆刻，嗜收藏金石、書畫、古籍及圖志。建崇寶閣為藏珍之所。對地方文物古籍的搜集不遺餘力，親自手拓金石碑記，加以裝裱整理。輯有《崇寶閣印存》《順德先哲書畫錄》。

羅家勸（1836～1914），號掌蓮居士、彥清，廣東順德人。同治丁卯六年（1867）舉人，歷官內閣中書。廣西慶遠、南寧、龍州等同知，陞知府。少聰穎，博學能文，工書畫。收藏甚富，尤嗜古泉，又好盆栽。

羅振玉（1866～1940），乳名玉麟，初名寶鈺，改名振鈺，再改振玉，字式如，又字叔言、叔蘊，亦作叔醞、叔韞，別署叔堅，據羅振玉的孫子羅繼祖的統計，羅振玉用過的齋名別號：面城精舍、陸庵、學稼樓、懷新小築、唐風樓、玉簡齋、俑盧、磬室、赫連泉館、帖祖齋、雪堂、永慕園、麥秀園、宸翰樓、楚雨樓、吉石盦、殷禮在斯堂、夢郼草堂、大雲書庫、後四源堂、建安雙鏡齋、貞松堂、四時嘉至軒、庫書樓、二萬石齋、凝清堂、聲硯齋、魯詩堂、六經堪、嘉草軒、雙觿館、靈檽館、百爵齋，以上齋名。堅白、江東稽夫、叔耘、稼民、刪存、舌存、僧潛、雪翁、商遺、東海愚公、永豐鄉人、貞松、抱殘老人、松心老人、貞松老人、松翁、含章、歲寒退叟、俟河老人，以上別號。浙江上虞人。15歲舉秀才，1909年補參事官，兼京師大學堂農科監督。一度經理清廷內閣大庫檔案。宣統年間，搜羅安陽出土之甲骨二三萬片。生平搜集和整理甲骨、銅器、簡牘、明器、佚書等考古資料，均有專集刊行，書法善篆、隸、楷、行，創以甲骨文入書者之一。編著有《殷墟書契》《三代吉金文存》《貞松堂歷代名人法書》《高昌壁畫精華》《殷墟書契菁華》《雪堂藏古器物目錄・金石文字跋尾・檢刊群書敘錄》《雪堂自傳》《瓜沙曹氏年表》《永豐鄉人雜著》《松翁近稿・未焚稿》《貞松堂唐宋以來官印集存》《大雲書庫藏書題識》《殷商貞卜文字考》《雲窗漫稿》《永慕園叢書》《遼居雜著》《吉石庵叢書》《存

獨齋刻記》《貞松堂唐宋以來官印集存》《流沙墜簡考證》《山左塚墓遺文》《俑廬日刻》《待時軒傳古別錄》《殷禮在斯堂叢書》《宸翰樓所藏書畫目錄》《古鏡圖錄》《夢韓草堂吉金圖》《嘉草軒叢書》《古器物識小錄》《赫連泉館古印存》《凝清室古官印存》《馨室所藏鉢印》《癙郼草堂吉金圖》等。

羅惇曧（現 1872～1924），字掞東，又字敷堪，號癭庵，晚號癭公，又號賓退，廣東順德人。早年肄業廣雅書院，繼入萬木草堂。從康有為遊，與陳千秋、梁啟超並稱高弟。曾中光緒二十九年副貢，後屢試不第，乃報捐主事，任郵傳部郎中。辛亥革命後，歷任北京總統府秘書，參議、顧問，國務院秘書等職。袁世凱稱帝，拒不受祿。自此縱情詩酒，留連戲園，與梅蘭芳、王瑤卿等熟識。程硯秋倒嗓期間，即醵資將程從師家贖出，延聘名師授藝，並親自教其識字、讀詩、練習書法，幫助、指點程發揮藝術特長，形成流派，又為其編寫《龍馬姻緣》《梨花記》《花舫緣》《紅拂傳》《玉鏡臺》《鴛鴦塚》《賺文娟》《玉獅墜》《孔雀屏》《青霜劍》《金鎖記》等劇本，又為梅蘭芳編寫《西施》。後以貧病交迫去世。著有《德宗承統私記》《中法兵事本末》《中日兵事本來》《割臺記》《庚子國變記》《拳變餘聞》《太平天國戰記》《中俄伊犁交涉始末》《中英滇案交涉本末》《藏書紀略》及《鞠部叢談》等。

羅福成（1885～1960），字君美，江蘇淮安人，羅振玉長子。中國民族古文字研究專家，是西夏文、契丹文、女真文的研究先驅。論著有《西夏譯蓮花經考釋》《西夏國書參編》《番漢臺時掌中珠》《韻統舉例》《文海東類》《雜字》《居庸關石刻》《重修護國寺感應塔碑》等。與關百益輯《傳古別錄》，與羅福葆輯其父藏印《小蓬萊閣古印菁華》，自輯《尚符璽古印集存》，與商承祚、羅福葆、羅福頤合輯《古陶軒秦漢印存》。

羅福頤（1905～1981），字子期，筆名梓溪、紫溪，70 後自號僂翁，室名待時軒、溫故居，祖籍浙江上虞，出生於江蘇淮安。羅振玉四子。一生未進校門，均受家學。20 歲前後開始著書立說。1925 年全家由天津移居旅順。之後，任大連墨緣堂書莊經理，奉天博物館臨時鑒定委員，協助旅順庫籍整理處，整理明清檔案，任該處編輯主任。1947 年遷居北京，入北京大學文科研究所任講師。1950 年任文化部文物處業務秘書。1957 年調故宮陳列部、研究室，任研究員至終。著有《印譜考》《三代秦漢金文著錄表》《內府藏器著錄》《清大庫史料目錄》《滿洲金石志》《中國之石刻》《印章概述》《待時軒博古別錄・仿古印章》《僂翁七十自述》《溫故居讀印譜題識》等。

羅祥止（現 1903～1976），四川新都人。齊白石入室弟子。畢業於北平民國大學法律專業，早年隨川籍印人曾默躬學習篆刻，1927 年到北京拜齊白石為師，侍齊白石二年，頗受器重，獨得白石印藝精髓。祥止自白石門下，得於白石翁耳提面命，孜孜所學，印藝大進，在漢經典印風為根基之時，純以白石翁的刀意、章法作印，獲頗多白石批語，成為白石代刀筆的不多的幾個人之。白石翁曾曰：「學治印之弟子數人，以羅君為最雄壯之氣慨，國中少有人比」。

羅慶元（現代人，生卒年不詳），名益，民國時期地方警衛隊南海縣第二大隊，曾駐九江。

羅賽雲（民國時人，生卒年不詳），餘不詳。

羅澤棠（民國時人，生卒年不詳），香港粉嶺人，畫家，秀才。

譚鍾麟（1822～1905），字雲覯，一字雲硯，號文卿，湖南茶陵人。咸豐六年進士。歷官江南道監察御史，杭州知府，河南按察使，陝西布政使，陝西巡撫，浙江巡撫，陝甘總督，吏、戶兩部左侍郎，工部尚書，閩浙總督，兩廣總督。1899 年告歸。撫陝時，興義學，立書局，浚鄭白渠，教民種桑養蠶紡織；撫浙時，核實漕平，更定釐稅，修整海塘，治浚河道，重建文瀾閣；督陝甘時，立官車局，罷苛捐浮稅。諡文勤。

譚鑣（1863～1924），字康齋，號仲鸞，廣東新會人。年青時中秀才，與表弟梁啟超赴廣州學海堂攻讀。光緒十五年（1889）舉人。光緒二十一年（1895）參與康有為、梁啟超發動的「公車上書」活動。光緒二十四年（1898）又參與康、梁組織的保國會和維新變法活動。變法失敗歸鄉，新會創辦初級師範學堂，委派為監督，主要是培養師資。不久，又創辦新會官立中學堂，為新會第一間最高學府，被委派兼任堂長（監督）。1912 年新會官立中學堂改稱縣立中學校，監督改稱校長。他一直任職至去世。1916 年廣州東山龜崗發掘古墓，他斷定為南越王墓塚。他喜收藏書籍和文物。黎昀在《譚鑣所藏古物歌》中有「先生插架三萬篇，嗜好日與古為緣」之句。著《岡州考》《古錢譜》。

譚大經（1882～1954），原名經，排行老大，遂名大經，字亦緯，又作一葦。豪於飲，聲音洪亮，話語多滑稽、幽默。黃養之《祝譚亦緯先生七十》云：「邗上有逸叟，日與酒為友。重道不好名，詩書娛白首。樂天以知命，優遊在林藪。」善篆書，以長勢取姿，圓潤通暢，結體工穩而又飄逸舒展。運筆有條

不紊，意蘊綿綿相通，字形均衡、對稱、自然，結構體勢嚴謹、端正，章法承上啟下，左顧右盼，和諧統一。凌紹祖在原載臺灣《揚州鄉訊》的《〈惜餘春軼事〉讀後記》中云譚大經之篆書與卞綍昌之漢隸、王景琦之真楷、卞斌孫之大草堪稱「近代揚州書壇四絕」。

譚澤闓（1889～1948），字祖同，號瓶齋，室名天隨閣，湖南茶陵人。譚延闓之弟。善書法，工行楷，師法翁同龢、何紹基、錢澧，上溯顏真卿。氣格雄偉壯健，力度剛強，善榜書。

譚錫璜（現代人，生卒年不詳），字師曼，湖南茶陵人。

龐鴻文（清 1845～1909），字伯綱，號絅堂，江蘇常熟人。光緒二年（1876）進士，改庶吉士，授翰林院編修。殫精於學，詞賦駢儷，敏捷偉麗，為眾所推服。益復研討經史，旁及經世之務，凡兵、刑、鹽、漕、河、渠，靡不推究其利害。歷典廣西、雲南試，分校乙酉秋闈、庚寅春闈。任湖北學政，甄拔不繩一格，而訓迪後進，尤以行誼為先。後遷國子司業，旋擢太常少卿、通政司副使，時值政變，鴻文知事不可為，遂移疾歸。家居十年，辦學堂，講實業，卒以眾論參差，不能展其志。為《常昭合志稿》50 卷。所著詩、古文詞若干卷。

龐澤鑾（1866～1916），字芝閣，號薛齋，又號河間龐氏、味道腴齋主人，河北河間人。精金石碑版，所藏精品極多，海內鑒賞家頗推重之，為晚清民國時期的大收藏家。

龐友蘭（現 1874～1947），字馨吾，原名慶先，筆名古愚、老丐，江蘇阜寧人。辛亥革命後，任阜寧縣籌備國會選舉事務所所長、東坎市商會會長兼清鄉市董，江北葦右營墾務局局長，阜寧縣縣志總纂。

龐樹柏（清 1884～1916），字檗子，號芑庵，別署綺盦、龍禪居士、劍門病俠，室名龍禪室、抱香簃、墨淚龕、劍門病俠，江蘇常熟人。同盟會會員，南社發起人之一。曾與黃人等組織「三千劍氣文社」。在聖約翰大學任中國文學講習時，參與策劃上海光復，後歸隱。為南社首次雅集者之一。著有《碧血碑雜劇》《龍禪室摭譚》《抱香簃隨筆》《墨淚龕筆記》《靈岩樵唱》《清代女紀》《花月痕傳奇》《玉鉤痕傳奇》《龐檗子遺集》等。

二十畫：鐵　覺

鐵禪（1865～1946），俗名劉梅秀，法號心鏡。廣東番禺人。廣州六榕寺

住持。擅畫山水、花鳥。南社社員。

覺爾察・額勒和布（？～1900年），字筱山，滿洲鑲藍旗人。咸豐二年翻譯進士，改庶吉士，用戶部主事，累遷理藩院侍郎。光緒三年，因病乞休。六年，起鑲白旗漢軍都統，調蒙古。歷熱河都統、理藩院尚書、戶部尚書、內務府大臣、協辦大學士。十一年，授體仁閣大學士，轉武英殿大學士。諡文恭，入祀賢良祠。

二十一畫：顧

顧震福（？～1935），字竹侯，號跰園、隸經、淮安竹叟，室名函雅古齋，江蘇山陽（今淮安）人。年十五補博士弟子員，先後修業於江陰南菁書院、蘇州學古堂。光緒二十三年中舉。其後，創立勺湖兩級小學、青雲兩級小學、縣立師範傳習所、省立府中學校，曾任淮安陸軍學堂國文史地教席。後任北京女子高等師範學校教授。著有《小學鉤沉續編》《韓詩遺說續考》《魯詩遺說續考》《隸經雜著》《古今注校注》等，輯有《字書》《字苑》《文字集略》《韻集》《音譜》《聲譜》等數十種。

顧燮光（1875～1949），字鼎梅，號腾，別署非儒非俠齋，紹興人。幼承家學，酷愛金石，雖一度從政，然畢生潛心於考古之學。自帶「袱被裹糧」，「足繭手胼」，「捫葛剔蘚」，訪碑於荒墟古刹、深菁斷岩，足跡遍及關中江右，終於訪得古人未著錄碑刻近 700 種。工書法，法漢隸。畫則以白陽新羅為宗。著作有《河朔金石目》三卷，《兩浙金石別錄》一卷及《堪墨活》《夢碧簃石言》《書法源流考》《河朔金石待訪目》《非儒非俠齋詩文集》等。

顧鼇（1879～1956），字巨六，四川廣安人。1905 年赴日本明治大學留學。1912 年 2 月 15 日，南京參議院正式選舉袁世凱為臨時大總統，任北京總統府顧問。1913 年 4 月 8 日，中華民國第一屆國會舉行開幕典禮，顧鼇以籌備國會事務局委員身份宣佈典禮開始。1913 年 11 月 26 日，政治會議成立，任秘書長。1914 年 10 月 31 日，袁世凱又任命顧鼇為內務部籌備立法院事務局局長。1915 年 1 月，《國民代表大會組織法》公佈，3 月 18 日設立國民會議事務局，顧鼇又兼任該局局長。袁世凱稱帝失敗後，顧鼇遭通緝。1916 年 9 月，張勳在徐州密謀復辟活動，顧鼇被聘為機要秘書。

顧頡剛（1893～1980），名誦坤，字誠吾，號銘堅，筆名頡剛、餘毅、朱山根、山根、三根、鼻公。江蘇蘇州吳縣人。1920 年北京大學畢業。歷任北京

大學、廈門大學、中山大學、燕京大學教授，以及史學研究員等職。編著有《古史辨》《當代中國史學》《史林雜識》等，點校《資治通鑑》。

顧青瑤（1896～1978），名申，字青瑤，別署靈妹，蘇州人。現代女書畫家、篆刻家。出身吳中望族，曾祖椒園，擅書法。祖若波，善書畫，為清末名家。父敬齋，曾留學美國，歸國後執教 20 餘年。有《宋拓大觀帖考證》《金石題跋》《青瑤印話》《青瑤題畫詩錄》《綠野詩屋印存》《論畫隨筆》《歸硯室詞稿》《青瑤詩稿》等行世。

顧錫祥（民國時人，生卒年不詳），江蘇如皋人。其兄顧錫爵（1848～1917），字延卿，諸生。清末著名思想家、外交家、文學家、書法家。

顧似基（現代人，生卒年不詳），字未杭，江蘇南通人，宣統二年（1910）曾任南通市議會副議長，詩人。

顧仁卿（現代人，生卒年不詳），詩人。

顧庚亭（現代人，生卒年不詳），詩人。

顧時輔（現代人，生卒年不詳），詩人。

二十二畫：龔

龔心釗（1870～1949？），字懷西，又字懷希，號仲勉、瞻麓、勉齋，室名瞻麓齋，安徽合肥人。光緒二十一年進士，授編修。光緒中進士，光緒三十年任甲辰科會試同考官。光緒年間出使英、法等國，清末出任加拿大總領事，是清代著名的外交家。平生篤好文物，收藏精品頗多。如秦商鞅方升，戰國越王劍，宋代米芾、馬遠、夏圭等名家書畫，宋汝窯盤，以及時大彬、徐友泉、陳鳴遠、陳曼生等製的紫砂壺。所藏印章，既豐且精，有自戰國至六朝的銅、玉、石的官、私印章 2000 餘方。1960 年，龔心釗的後輩將珍藏的 500 餘件文物捐獻給上海市文物管理委員會。

龔心湛（1871～1943），字仙淵，亦字仙舟，安徽合肥人。清監生。歷任駐美、日、英、法、意各國公使館隨員。回國後，累至雲南提法使，漢口中國銀行行長。辛亥革命後，歷任安徽國稅籌備處處長、財政廳長、採金局總辦、財政部次長兼稽核所總辦及參政院參政、安徽省長、財政總長兼代國務總理、內務總長、交通總長。1926 年段祺瑞下臺後，亦隨之去職。有《楚金爰考》。駐英任內曾策劃綁架孫中山。